本书由
中央高校建设世界一流大学（学科）
和特色发展引导专项资金
资助

中南财经政法大学“双一流”建设文库

创｜新｜治｜理｜系｜列｜

开放式创新的协同演化机制研究：基于开源社区的实证分析

王璐 著

中国财经出版传媒集团
中国财政经济出版社

图书在版编目（CIP）数据

开放式创新的协同演化机制研究：基于开源社区的实证分析 / 王璐著. —北京：中国财政经济出版社，2019. 12

（中南财经政法大学“双一流”建设文库. 创新治理系列）

ISBN 978 - 7 - 5095 - 9366 - 0

Ⅰ. ①开… Ⅱ. ①王… Ⅲ. ①企业创新－研究 Ⅳ. ①F273. 1

中国版本图书馆 CIP 数据核字（2019）第 246427 号

责任编辑：彭　波　　　　责任校对：李　丽

封面设计：陈宇琰

开放式创新的协同演化机制研究：基于开源社区的实证分析

KAIFANGSHI CHUANGXIN DE XIETONG YANHUA JIZHI YANJIU：

JIYU KAIYUAN SHEQU DE SHIZHENG FENXI

中国财政经济出版社 出版

URL：http：//www. cfeph. cn

E - mail：cfeph @ cfemg. cn

社址：北京市海淀区阜成路甲 28 号　邮政编码：100142

营销中心电话：010 - 88191537

北京财经印刷厂印装　各地新华书店经销

787 × 1092 毫米　16 开　7. 25 印张　113 000 字

2019 年 12 月第 1 版　2019 年 12 月北京第 1 次印刷

定价：34. 00 元

ISBN 978 - 7 - 5095 - 9366 - 0

（图书出现印装问题，本社负责调换）

本社质量投诉电话：010 - 88190744

打击盗版举报热线：010 - 88191661　QQ：2242791300

总 序

“中南财经政法大学‘双一流’建设文库”是中南财经政法大学组织出版的系列学术丛书，是学校“双一流”建设的特色项目和重要学术成果的展现。

中南财经政法大学源起于1948年以邓小平为第一书记的中共中央中原局在挺进中原、解放全中国的革命烽烟中创建的中原大学。1953年，以中原大学财经学院、政法学院为基础，荟萃中南地区多所高等院校的财经、政法系科与学术精英，成立中南财经学院和中南政法学院。之后学校历经湖北大学、湖北财经专科学校、湖北财经学院、复建中南政法学院、中南财经大学的发展时期。2000年5月26日，同根同源的中南财经大学与中南政法学院合并组建“中南财经政法大学”，成为一所财经、政法“强强联合”的人文社科类高校。2005年，学校入选国家“211工程”重点建设高校；2011年，学校入选国家“985工程优势学科创新平台”项目重点建设高校；2017年，学校入选世界一流大学和一流学科（简称“双一流”）建设高校。70年来，中南财经政法大学与新中国同呼吸、共命运，奋勇投身于中华民族从自强独立走向民主富强的复兴征程，参与缔造了新中国高等财经、政法教育从创立到繁荣的学科历史。

“板凳要坐十年冷，文章不写一句空”，作为一所传承红色基因的人文社科大学，中南财经政法大学将范文澜和潘梓年等前贤们坚守的马克思主义革命学风和严谨务实的学术品格内化为学术文化基因。学校继承优良学术传统，深入推进师德师风建设，改革完善人才引育机制，营造风清气正的学术氛围，为人才辈出提供良好的学术环境。入选“双一流”建设高校，是党和国家对学校70年办学历史、办学成就和办学特色的充分认可。“中南大”人不忘初心，牢记使命，以立德树人为根本，以“中国特色、世界一流”为核心，坚持内涵发展，“双一流”建设取得显著进步：学科体系不断健全，人才体系初步成型，师资队伍不断壮大，研究水平和创新能力不断提高，现代大学治理体系不断完善，国际交流合作优化升级，综合实力和核心竞争力显著提升，为在2048年建校百年时，实现主干学科跻身世界一流学科行列的发展愿景打下了坚实根基。

“当代中国正经历着我国历史上最为广泛而深刻的社会变革，也正在进行着人类历史上最为宏大而独特的实践创新”，“这是一个需要理论而且一定能够产生理论的时代，这是一个需要思想而且一定能够产生思想的时代”①。坚持和发展中国特色社会主义，统筹推进“五位一体”总体布局和协调推进“四个全面”战略布局，实现“两个一百年”奋斗目标、实现中华民族伟大复兴的中国梦，需要构建中国特色哲学社会科学体系。市场经济就是法治经济，法学和经济学是哲学社会科学的重要支撑学科，是新时代构建中国特色哲学社会科学体系的着力点、着重点。法学与经济学交叉融合成为哲学社会科学创新发展的重要动力，也为塑造中国学术自主性提供了重大机遇。学校坚持财经政法融通的办学定位和学科学术发展战略，“双一流”建设以来，以“法与经济学科群”为引领，以构建中国特色法学和经济学学科、学术、话语体系为己任，立足新时代中国特色社会主义伟大实践，发掘中国传统经济思想、法律文化智慧，提炼中国经济发展与法治实践经验，推动马克思主义法学和经济学中国化、现代化、国际化，产出了一批高质量的研究成果，“中南财经政法大学‘双一流’建设文库”即为其中部分学术成果的展现。

文库首批遴选、出版二百余册专著，以区域发展、长江经济带、“一带一路”、创新治理、中国经济发展、贸易冲突、全球治理、数字经济、文化传承、生态文明等十个主题系列呈现，通过问题导向、概念共享，探寻中华文明生生不息的内在复杂性与合理性，阐释新时代中国经济、法治成就与自信，展望人类命运共同体构建过程中所呈现的新生态体系，为解决全球经济、法治问题提供创新性思路和方案，进一步促进财经政法融合发展、范式更新。本文库的著者有德高望重的学科开拓者、奠基人，有风华正茂的学术带头人和领军人物，亦有崭露头角的青年一代，老中青学者秉持家国情怀，述学立论、建言献策，彰显“中南大”经世济民的学术底蕴和薪火相传的人才体系。放眼未来、走向世界，我们以习近平新时代中国特色社会主义思想为指导，砥砺前行，凝心聚

① 习近平：《在哲学社会科学工作座谈会上的讲话》，2016年5月17日。

力推进“双一流”加快建设、特色建设、高质量建设，开创“中南学派”，以中国理论、中国实践引领法学和经济学研究的国际前沿，为世界经济发展、法治建设做出卓越贡献。为此，我们将积极回应社会发展出现的新问题、新趋势，不断推出新的主题系列，以增强文库的开放性和丰富性。

“中南财经政法大学‘双一流’建设文库”的出版工作是一个系统工程，它的推进得到相关学院和出版单位的鼎力支持，学者们精益求精、数易其稿，付出极大辛劳。在此，我们向所有作者以及参与编纂工作的同志们致以诚挚的谢意！

因时间所囿，不妥之处还恳请广大读者和同行包涵、指正！

中南财经政法大学校长

前　言

技术的发展使得全球知识型人才能够通过互联网贡献自己的盈余资源，如想法、创意以及才智等。这些创新资源借助互联网技术和平台逐渐汇集，并由此产生超越个体以及单个企业能力、凝聚群体智慧的产品和服务。诸多企业开始尝试借助这些社会资源孵化创新项目，并将其作为自身关键战略之一。如何借助这些外部开放的资源进行创新成为目前学术界和实务界关注的重点。但关键是，这种创新模式依赖于外部资源，具有人员流动性高且依赖于自我选择、组织形式扁平化以及管理模式平等自治化等特点。虽然大大降低了其研发成本，企业却无法对其施加强有力的控制。那么在这种极其流动的劳动力市场和知识密集型活动中，企业经理或项目管理者可采取何种战略以获得成功？本书研究了三个核心问题：

研究一：创新资源的获取。自组织式创新团队的创新资源是如何形成的？创始人社会资本如何影响项目创新资源的获取？基于资源基础观，本研究识别了开源社区中有价值和异质性的两种资源：人力资源和组织资源。具体分析项目创始人的社会资本如何影响自愿者加入某一团队的具体决定，从而影响了该创新团队获取的人力资源和组织资源。通过对一个开源软件社区进行实证分析，使得我们能够观测项目创始人对于开源创新团队获取资源的影响，这就能够帮助我们挖掘出自组织式创新团队关系形成以及资源获取的机制。

研究二：创新资源的利用。创新团队社会资本对创新绩效的双面性影响。具体来说，研究二聚焦于项目/团队层面对于创新资源的利用，从创新团队层面的角度，来探讨基于创始人社会资本所形成的创新资源究竟会产生什么样的价值？由于开源社区中的知识分享是完全自由、不存在边界和分享限制的，创新团队的网络关系所带来的知识流动存在双面性。因此，研究二通过量化创新团队整体在网络中所形成的网络结构，并结合创新团队的自身特征（如吸收能力），来考察创新团队网络结构带来的知识流动的双面性以及其自身特点对新产品开发绩效的作用。

研究三：初始创新资源的形成。研究一和研究二探讨了创始人社会资本对于创新团队资源获取以及对绩效的进一步作用，但忽视了创始人社会资本的形成来源。即创始人社会资本是来源于以前参与的项目所获得的成功，还是来源于过去参与的团队在网络中的结构。研究三聚焦个体层面社会资本的来源，并运用多层次网络理论，来探讨组织层面网络结构及绩效对于个体层面网络和资源的作用。具体来说，探讨了项目/团队层面获得的成功（如技术成功、商业成功）反过来又会对创始人个人的社会资本产生何种作用。

本书的创新点主要体现在以下三个方面：

第一，探讨了创始人社会资本对创新绩效产生影响的中间机制，解释了其在以往研究中具有不一致作用的原因。战略研究探讨资源异质性如何导致绩效差异。基于社会网络理论，战略研究提出了网络战略以提高创新绩效。在开源软件领域，开发人员和创新项目间形成了复杂的关系网络。创始人的社会资本，即志愿者之间的合作关系，通过影响资源、信息和反馈的获取对创新绩效产生影响。虽然有关创始人社会资本的重要性已达成共识，但创始人的社会资本（如网络嵌入性）对创新绩效的具体作用尚不明确：创始人社会资本被认为对创新绩效可能同时存在正面和负面影响。例如，创始人的社会资本对某些项目的成功存在积极的作用，但却对其他项目的成功存在负面影响（Grewal，2006）。创始人的社会资本可以减少产品发布所需的时间，从而帮助项目获得竞争优势（Mallapragada et al.，2012）。这些研究结果表明，创始人社会资本对创新绩效的影响较为复杂，这种限制可能导致难以将创始人社会资本利用于提升创新绩效。基于这一空白点，本书基于资源基础观，考察了创新资源在创始人社会资本对创新绩效影响中的关键作用。

第二，在创新团队层面，解读了创新网络中知识的双向流动，以及创新团队社会资本对创新绩效的双面性影响。共有协同创新网络与私有协同创新网络的区别在于知识流出是否取决于知识流出方进行知识分享的动机和意愿。私有协同创新网络中，行动主体之间的知识分享与交流是有边界和受限制的，合作联盟之间的知识分享很大程度上取决于合作伙伴知识的可获得性，受制于知识流出方的分享意愿。而在共有协同创新网络中，其制度设计便鼓励知识的交流和分享，使得知识可自由流动而不受限。同时，由于共有协同创新网络中，创新团队之间不仅存在合作关系，还存在一定的竞争关系，这种竞合关系也使得创新团队间的知识流动呈现双面博弈效应。本书基于创新团队成员的归属和角色信息，从实证层面刻画和测量了创新团队间知识流动的方向，并结合知识流动的特征，考察了创新团队社会资本对创新绩效的双面性影响。

第三，从多层网络视角，探讨了创始人社会资本、创新团队网络桥接性与创新绩效间的交互影响。已有大量的研究探讨了网络结构与绩效的关系，对特定行动者（如个人、团队、组织）如何占据这些优势网络位置的研究也逐渐增多，但对于网络位置的起源研究还是多集中在单一网络层面。创新社区中，创新项目和志愿者之间的关系可被视为一个嵌套的多层网络，包括个人和团队两个层面。其中，每个项目团队本身就是团队层面网络中的一个节点，志愿者嵌套在项目团队中，创新团队通过共同成员与其他团队产生联系。本书采用多层次理论的视角，分析一个层次的网络结构如何影响另一个层次网络结构的形成：研究一中，探讨了个人层面的网络结构如何影响团队层面的网络结构；研究三中，探讨了创新团队的结构及绩效如何影响创始人在个人层面网络中的桥接性。

本书共分为6章。第1章主要介绍了本书的研究背景、研究问题、研究思路、研究框架和研究方法。第2章主要对本书的关键背景、构念和变量进行了系统的梳理和评述，找出理论空白点，包括开放式创新、开源软件、开源社区相关研究、创新资源、社会资本与社会网络等方面的内容。第3、4、5章是本书的实证部分，主要包括研究模型和实证两个部分。研究模型部分是发展理论模型，同时根据相关理论进行假设推演，然后对三个研究进行实证检验，最后讨论了研究的模型，并汇报和总结了三个研究的结果。第6章主要对本书进行了总体讨论，根据研究一、研究二、研究三的数据分析结果，对研究问题进行了总结和讨论，并阐明了本书的理论贡献和实践意义，以及本书的局限性和未来可能的研究方向。

本专著由中南财经政法大学中央高校基本科研业务费专项资金（2722019JCG051）、中南财经政法大学振兴工程科研基金（31721910812）、国家自然科学基金重大研究计划重点支持项目（91746206）资助。

目　录

第1章 导 论

1.1 问题提出

1.1.1 开放式创新的发展

长久以来，内部创新是企业获取关键战略资源的有效途径。20世纪后期，随着知识型人群的迅速增长和互联网协同创新平台的涌现，封闭式创新的优势被逐渐削弱。朗讯科技公司（Lucent Technologies）拥有全球闻名的内部研发机构——贝尔实验室（Bell Laboratories），它原本应该成为朗讯抢占美国通讯行业决定性的战略武器，但思科公司（Cisco System）却在缺乏与之相匹敌的内部研发能力情况下，通过从外部获取创新资源使其市场占有率保持与朗讯不相上下甚至偶尔超越（Chesbrough，2003）。这种利用外部资源、开放的创新方式开始受到广泛关注（高良，2014；刘丹和闫长乐，2013）。

互联网技术，从其诞生之初便为开放访问、开放协议以及开放协作的文化提供了基础保障。技术的发展使得全世界的知识型人才能够通过互联网进行沟通和交流，并使得他们能够平等和自由的相互分享和贡献自己的盈余资源，如想法、创意以及才智等。全球知识型人才的盈余知识借助互联网技术和平台逐渐汇集，并由此产生超越个体以及单个企业能力、凝聚群体智慧的产品和服务。例如维基百科（用多种语言编写的网络百科全书）、开源软件开发平台（如sourceforge，开源中国）等。

诸多企业开始重视和利用这种开放自由和社会化的共有协同新产品开发模式，尝试借助外部团队和社会资源孵化创新项目，并将其作为自身关键战略之一（Hahn et al.，2008）。开源软件作为一种典型的开放式创新成果，已经对商业市场造成了巨大的改变（Belenzon and Schankerman，2015；Howison and Crowston，2014；Lin，2008），诸多软件公司强调开源软件在商业化战略中的重要性，并增加他们在开源项目中的参与程度。开放式创新模式最初的发展起源于计算机行业的开源软件开发，目前许多企业都在积极投入开源社区中。黑鸭软件公司[①]（Blackduck Software）开展的第十届年度开源软件发展调研（The Tenth Annual Future of Open Source Survey）中显示，利用社会公众资源进行开发的模式正在崛起：67%的受访者表示其公司正在积极地鼓励开发人员参与并为开源项目做出自己的贡献；65%的企业正在为开源项目作出贡献；近59%的企业试图参与开源项目的开发以获得竞争优势；还有将近1/3的企业分配特定的专有资源以支持开源软件项目的开发工作。谷歌也是开放式创新的积极拥抱者，谷歌的Android手机操作系统是一种基于Linux的自由及开放源代码的操作系。开放式创新除了在计算机领域应用，实际上在其他行业也有非常多的应用和发展空间。例如，医药行业在2009年左右陷入了研发低潮期，新药产出率下降，原因之一是各个企业和机构仅仅利用本企业内部资源进行创新，没有互相分享知识与资源，其中，跨国制药企业法国赛诺菲的研发模式也和其他任何专注于传统新产品开发模式的企业一样，具有刚性、成本偏高和创新不足等缺陷。2010年后，赛诺菲开始尝试打破原有的企业边界来增加与外部的合作研发。利用开放式创新模式后，其研发体系的效率和效果都得到显著的提升，截至2017年，赛诺菲的研究领域包括肝脏病、糖尿病、免疫系统疾病等，其推出的11款新药中有80%都是通过开放式创新模式得到的。另外，开放式创新模式也被应用在解决为某些全球性的重大挑战上。例如，丹麦诺维信公司于2017年9月推出了在线网络平台HelloScience，通过汇集跨国界、跨专业和跨领域的创新者、个人和组织以及其他参与者为全球性挑战提供先进的解决方案以及寻找这些解决方案的新途径。具体来说，HelloScience平台接受了联合国儿童基金会合作的诉求，试图通过开放式创新来解决水资源短缺的问题。综上所述，开放式创新模式快速增长的人气反映了这种新型创新模式成为企业发展和创新的新理论方法的潜力。

① 黑鸭软件公司是一家致力于为企业使用开源软件提供相关服务的软件公司。该公司成立于2002年，总部位于美国马萨诸塞州，拥有超过60名研发人员。

1.1.2 开放式创新中面临的风险与挑战

目前中国互联网普及率已达到48.8%，网民规模达到6.68亿（CNNIC，2015），如何借助这些外部开放的资源进行创新成为目前学术界和实务界关注的重点。但关键是，这种创新模式依赖于外部资源（Chesbrough，2003），还具有自我选择的志愿者、扁平化的组织形式以及平等自治的管理模式等特征（Belenzon and Schankerman，2015；Howison and Crowston，2014；Tapscott and Williams，2006）。例如，在开源软件开发中，源代码的贡献者并未被组织或他们参与的项目正式雇用。虽然开源软件开发的这个特征大大降低了其成本（Boulanger，2005），但人员的流动性和监管缺乏对开源软件的开发构成了新的挑战。

从参与者角度来进行分析，开放式创新中的风险来源于合作伙伴或志愿者能力的不确定性、行为的不确定性以及结果的不确定性。

（1）能力的不确定性。开放式创新基于虚拟互联网，利用外部资源进行创新，其中一个风险来源于能力的不确定性。第一，外部资源（如开源社区中的参与者）对于其他参与者能力判断依据不足导致的能力的不确定性。具体来说，参与者之间无法进行面对面的交流和接触，志愿者难以获得潜在合作者的能力信息，对判断合作者能力和评估项目结果造成了一定的困难（Guimerà et al.，2005，Uzzi et al.，2007）。第二，合作伙伴的能力是否能够互补，有的项目会因为无法获得具有多样化和具备互补性能力的合作伙伴，导致项目缺乏某一个基本或者重要的组成模块而遭遇失败。

（2）行为的不确定性。社区成员的创新活动依赖于共同的合作，其他参与者行为的不确定性是开源社区参与者的一个风险来源。行为的不确定性是指潜在合作者的可靠性是不确定的。鉴于志愿者只能在空闲时间工作（Howison and Crowston，2014），他们有很大机率会随时退出，并且他们不太可能同时参与过多项目（Hars and Ou，2002）。即使他们这样做了，他们有限的精力也会限制他们在某一个项目上投入过多的时间（Rosa et al.，1999）。这种行为不确定性是所有基于自我选择的合作模式下所固有的，因为志愿者无法保证彼此未来的可用性或工作计划。

（3）结果的不确定性。社区成员的创新活动依赖于共同的合作，脱离了企业内部创新对过程、人员和资源的有效控制，创新结构具备一定的不确定性。

例如，在开源社区中，Howison 和 Crowston（2014）指出，如果一个参与者完成了任务 B 但另一个参与者无法完成任务 A，那么第一个参与者所花的时间和精力就浪费掉了，因为任务 B 是否能够成功取决于任务 A 是否能够完成。在这种情况下，第一个参与者很可能失去自主感（autonomy）和能力（competence），这种消极的经历会破坏他们对该项目未来的期望，从而破坏他们持续该项目的动力（Kiggundu，1983）。对于第二个志愿者来说，完成任务 A 能够帮助该项目软件模块实现某些功能，从而满足参与者的自主感和能力感。仅仅完成任务 A 却不能使得软件能够直接投入使用，还依赖于任务 B 的完成。然而志愿者已经通过完成任务 A 获得了满足，完成任务 B 却无法为其提供更多额外的外在奖励。因此，鉴于参与该项目所获回报的不确定，两位开发人员都不愿意花时间完成该任务。

如前所述，由于企业无法对开放式创新施加强有力的控制，使得我们不能将封闭式的内部创新中的管理方法简单的移植到开放式创新中。那么，企业应如何有效地和可持续地获取和利用这些外部创新资源呢？在极其流动的劳动力市场和知识密集型活动中，如开源软件开发，企业经理或项目管理者可采取何种战略以获得成功呢？本书将基于创新资源的获取和利用视角，试图回答以上问题。具体来说包括：自组织式创新团队的创新资源是如何形成的？这些创新资源如何影响新产品开发绩效？这些绩效又会如何进一步影响开放式创新项目的初始资源？本书认为，项目创始人的社会资本象征着项目的初始资源，这种初始资源影响了创新团队资源的获取（包括人力资源和组织资源），创新团队对资源的利用决定了创新绩效，并且创新绩效又会进一步影响项目的初始资源。通过回答这些问题，为企业如何获取和利用这些外部资源提供了建议和指导。

1.1.3 选题的动因

全球分布的志愿者团体越来越多地参与新产品开发过程中，如开源软件（OSS）项目（Von Hippel and Von Krogh，2003，2006；Shah，2006）。本书将重点围绕“开放式创新中的协同演化机制”，研究创始人社会资本、创新团队资源与创新绩效之间的相互影响展开研究。选题动因基于以下三个方面：

（1）快速发展的消费者需求和日益激烈的市场竞争环境，使得开放式创新逐渐进入了企业的视野，并成为企业传统创新模式的补充甚至是主导模式。这种创新模式为企业提供了机遇，但自组织式的创新团队和自我选择的志愿者，为企业有效且可持续地获取和利用这些创新资源带来了新的挑战。而通过研究创始人社会资本、创新团队资源和创新绩效之间的协同演化机制，能够在一定程度上帮助企业加深对开放式创新管理实践的理解。

（2）阐明了已有研究中创始人社会资本表现出不一致的影响的原因，战略研究探讨资源异质性如何导致绩效差异。基于这种视角，战略网络（strategic networks）是获取信息、资源、市场和技术的最重要的租金资源类型之一（Gulati et al.，2000），尤其是当今企业嵌入在各种各样的社会网络和专业网络中，并与其他行为者存在各种交换关系（Galaskiewicz and Zaheer，1999；Gulati，1998；Granovetter，1985）。基于社会网络理论，战略研究提出了网络战略来提高创新绩效（Ahuja，2000；Baum et al.，2000；Nerkar and Paruchuri，2005；Soh，2010）。在开源软件领域，开发人员和创新项目间形成了复杂的关系网络。创始人的社会资本，即志愿者之间的合作关系，通过影响资源、信息和反馈的获取影响了 OSS 的绩效（Fleming et al.，2007；Kogut and Zander，1992）。虽然有关创始人社会资本的重要性已达成共识，但创始人社会资本（如网络嵌入性）对创新绩效的具体作用尚不明确——创始人的社会资本（例如，网络嵌入性）被认为对 OSS 绩效可能同时存在正面和负面影响。例如，创始人的社会资本对某些项目的成功存在积极的作用，但却对其他项目的成功存在负面影响（Grewal，2006）。创始人的社会资本也可以减少产品发布所需的时间，从而帮助项目相对于其竞争对手获得竞争优势（Mallapragada et al.，2012）。这些研究结果表明，创始人的社会资本的影响比较复杂，存在不一致的影响。然而，理论探索仍然有限，这种限制可能导致难以将创始人的社会资本利用于提升开源项目的绩效。

（3）目前有关网络研究多集中在单一层面，如个人属性对于网络桥接性的作用，或者是个体层面网络属性对于个体层面桥接性的影响，而对于跨层级层面的研究则相对较少。多层次网络研究观点直到最近才受到组织研究的关注。正如 Moliterno 和 Mahony（2011）主张的那样："根据组织的定义，组织属于多层系统，因此组织的网络理论也应该是多层次，需考虑如何组织系统中一个层次的网络如何影响更高和/或较低水平的网络结构"。开源社区也是一个嵌套网络，其中拥有各种志愿者的创新团队通过共同成员与其他团队产生联系。本研究采用多层次理论的视角，分析个体层面的社会网络结构或社会资本（创始人社会资本），如何影响其创立的创新团队在团队层面网络中的结构桥接性（研究一）；创新团队的网络结构以及绩效如何反过来影响创始人在个人层面网络中的网络桥接性（研究三）。这些研究有利于加深对开放创新社区中多层网络演化机制的理解。

1.2 研究创新

本书的创新之处主要体现在以下四个方面：

第一，探讨了创始人社会资本对创新绩效产生影响的中间机制，解释了其在以往研究中具有不一致作用的原因。已有研究有关创始人社会资本对创新绩效的具体作用尚不明确——创始人的社会资本对某些项目的成功存在积极的作用，但却对其他项目的成功存在负面影响（Grewal，2006）。创始人的社会资本可以减少产品发布所需的时间，从而帮助项目获得竞争优势（Mallapragada et al.，2012）。这些研究结果表明，创始人社会资本对创新绩效的影响较为复杂，这种限制可能导致难以将创始人社会资本利用于提升创新绩效。本文指出创始人社会资本是通过影响此项目团队创新资源来影响创新绩效，并基于资源基础观识别了开放式创新中关键的创新资源，包括人力资源和组织资源。

第二，识别了共有协同创新网络中知识的双向流动，探讨了创新团队社会资本对创新绩效的双面性影响以及内部吸收能力的调节作用。已有研究更多地将社会资本作为获取外部知识的渠道，关注社会资本的知识流入效应。而由于共有协同创新网络中知识流出不受限制，社会资本带来的知识流出效应会显著增强。本书认为，以知识流入为主的创新团队能够获得更高的创新绩效，并且当知识流出带来的边际风险大于知识流入带来的边际收益时，创新团队的社会资本可能会产生负面作用。因此，本书将知识流动划分为同质知识流动和异质知识流动，并结合创新团队社会资本带来知识流动的特征进行分析，认为创新团队的度中心社会资本由于同质知识流动，在达到一定阈值后知识流出的边际风险会大于知识流入的边际收益，反而影响开发的新产品在用户中获得流行，而桥中心社会资本和接近中心社会资本由于异质知识流动有利于新产品而获得流行。此外，若创新团队想要控制由外部关系带来的双向知识流动可能导致的双面效应，就可通过提升其内部能力（吸收能力）来增强社会资本的正向作用或削弱其负向作用。

第三，从多层网络视角，探讨了创始人社会资本、创新团队网络桥接性与创新绩效间的交互影响。已有大量研究探讨了网络结构与绩效的关系，对特定行动者（如个人、团队、组织）如何占据这些优势网络位置的研究也逐渐增多，但对于网络位置的起源研究还是多集中在单一网络层面。本书采用多层次理论的视角，分析一个层次的网络结构如何影响另一个层次网络结构的形成。本书认为，创始人社会资本可作为社会线索和地位线索影响关系形成（志愿者决定是否加入此项目），从而决定创新团队的人力资源（即团队规模）；还作为潜在的质量和信号提升可见性来影响未曾合作过的新志愿者的参与决策，从而决定创新团队的组织资源（即网络桥接性）。此外，本书还指出创新团队的结构及绩效能够进一步影响创始人在个人层面网络中的桥接性。

1.3 研究思路、框架和研究方法

1.3.1 研究思路

随着开放式创新受到越来越多的重视，其依赖自组织式团队以及自我选择的自愿者也为企业利用这些外部资源提出了一定的挑战。企业如何有效地和可持续地获取和利用这些外部资源已经成为当今企业面临的一大困惑。本书拟以开源社区为研究背景，基于多层网络理论、资源基础理论、社会网络和社会资本理论，通过三个研究对这一问题展开探讨。

研究一中，我们将要探讨的是开放式创新中的核心问题，即这种自组织式创新团队的创新资源是如何形成的。基于资源基础观，识别了开源社区中有价值和异质性的两种资源——人力资源和组织资源。并进一步结合以往关于社会网络与社会资本的文献，具体分析项目创始人的社会资本如何影响自愿者加入某一团队的具体决定，从而影响了该创新团队获取的人力资源和组织资源。通过对开源软件社区进行实证分析，使得我们能够观测项目创始人对于开源创新团队获取资源的影响，这就能够帮助我们挖掘出自组织式创新团队关系形成以及资源获取的机制。

研究二中，我们聚焦于项目/团队层面对于创新资源的利用，即从创新团队层面的角度，来探讨基于创始人社会资本所形成的创新资源究竟会产生什么样的价值。值得注意的是，由于开源社区中的知识分享是完全自由、不存在边界和分享限制的，创新团队的网络关系所带来的知识流动存在双面性。因此，在这个研究中，通过量化创新团队整体在网络中所形成的网络结构，并结合创新团队的自身特征（如吸收能力），我们可以考察创新团队网络结构带来的知识流动的双面性以及其自身特点对新产品开发绩效的作用。

前两个研究探讨了创始人社会资本对于创新团队资源获取以及进一步对绩效的作用，但忽视了创始人社会资本的形成来源——即创始人社会资本是否就来源于以前参与的项目所获得的成功，或来源于过去参与的团队在网络中的结构。研究三聚焦个体层面社会资本的来源，并运用多层次网络理论，来探讨组织层面网络结构及绩效对于个体层面网络和资源的作用。具体来说，探讨了项目/团队层面获得的成功（如技术成功、商业成功）反过来又会对创始人个人的社会资本产生何种作用?

1.3.2　研究框架

本书分为导论、文献综述（开放式创新、开源软件社区、开源社区相关研究、创新资源、共有协同创新网络、社会资本与社会网络）、研究一（创新资源的获取——创始人社会资本如何影响创新团队资源）、研究二（创新资源的利用——创新团队结构和特性对新产品开发绩效的影响）、研究三（初始资源的来源——创新团队结构和绩效如何重塑创始人个人网络）及结论和展望等六个章节。

第1章主要介绍了本书的研究背景、依据此背景中面临的问题提出了本书的研究问题，阐述了本书的理论意义和实践意义。最后简要概述了本书的研究思路、研究框架和研究方法。

第2章是文献综述部分。主要对本书的关键背景（开放式创新）、构念（开源软件）进行了系统的梳理，并对开源社区相关研究（参与动机、创新模式、创新资源、创新绩效）、创新网络以及社会资本与社会网络理论进行了整理和评述，找出理论空白点。

第3章是本书的研究一，关注创新资源的获取问题，即创始人社会资本如何影响创新团队资源。本章主要包括研究假设的提出和实证两个部分，根据发展理论模型进行假设推演，然后对研究一中提出的假设进行了实证检验。最后讨论了研究的模型，并汇报和总结了本书的结论。

第4章是本书的研究二，关注创新资源的利用问题，即创新团队结构和特性对新产品开发绩效的影响。主要对研究二的相关假设进行了理论推演、提出了相关假设，然后对这些假设进行了实证检验。在本章的最后，汇报和总结了研究二的研究结果。

第5章是本书的研究三，关注初始资源的来源问题，即创新团队结构和绩效如何重塑创始人个人网络。主要针对该问题提出了相关的研究假设，并基于数据对研究进行了检验。最后，汇报和总结了研究三的相关结果。

第6章是结论与展望部分。在本章中，主要对本书的研究内容进行了总结。主要根据研究一、研究二、研究三的实证分析结果，对本书的研究问题进行了总体的讨论，并阐明本书的理论贡献和管理。最后，还阐述了本书的局限性和未来可能的研究方向。

图1-1对本书的主要章节内容进行了概括和梳理。

1.3.3 研究方法

（1）社会网络分析方法

网络指的是各种关联，例如交通网络、计算机网络等复杂网络。社会网络（Social Network）是复杂网络的一个分支，可简单的理解为社会关系所构成的结构。社会网络分析则是指基于数学方法和图论发展起来的定量分析方法。社会网络即可简单地称为社会关系所构成的结构。社会网络分析（Social Network Analysis，SNA）对社会行动者（actor）之间的互动进行结构性的分析，这些行动者可以是个体的人、也可能是团队、群体、组织或者国家。这种分析方法起源于物理学中的适应性网络，通过数学、图论等定量分析方法研究网络关系，并且认为这些关系的模式和不同形态会产生不一样的作用并会反过来影响它们的行动。因此，确定这些模式和特征在哪些条件下会出现以及会导致什么样的结果是社会网络分析的核心目标之一。Granovetter于1973年发表的“弱关系的力

论文章节	章节主要内容
一、导论	阐述问题提出的背景和目的，明确研究的理论与实践意义和具体的研究思路
二、文献综述	本章对开放式创新、社会网络与社会资本理论、社会网络分析方法、以及国内相关研究进行了文献综述
三、研究一：开放式创新社区中创始人社会资本对获取创新团队资源的影响机制	研究一中探讨开放式创新中的核心问题，即自组织式团队的创新资源是如何形成的。运用资源基础观理论，识别出开源社区中有价值和异质性的两种资源，即人力资源和组织资源，结合以往关于社会网络与社会资本的文献，分析项目创始人的社会资本如何影响自愿者加入某一团队的具体决定，从而影响了该创新团队获取的人力资源和组织资源。基于对某一开源软件社区进行实证分析，使得我们能够观测项目创始人对于开源创新团队获取资源的影响，帮助理解自组织式创新团队关系形成以及资源获取的机制
四、研究二：创新团队社会网络结构及自身特点对新产品开发绩效的影响研究	研究二进一步探讨基于创始人社会资本所形成的创新团队资源究竟会产生什么样的价值。由于开源社区中的知识分享是完全自由、不存在边界和分享限制的，创新团队的网络关系所带来的知识流动存在双面性。通过量化创新团队整体在网络中所形成的网络结构，并结合创新团队的自身特征，本研究考察了创新团队网络结构带来的知识流动的双面性及其吸收能力对新产品开发绩效的影响
五、研究三：创新团队的绩效及网络结构如何重塑创始人的社会资本？	研究三中，我们将进一步拓展项目/团队层面获得的成功（如技术成功、商业成功）反过来又会对创始人个人的社会资本产生什么样的影响。具体来讲，前两个研究探讨了创始人社会资本对于创新团队资源获取以及进一步对绩效的作用，但忽视了创始人的社会资本的形成来源。即创始人社会资本是否就来源于以前参与的项目所获得的成功呢？或来源于过去参与的团队在网络中的结构？在该研究中，我们聚焦个体层面社会资本的来源，并运用多层次网络理论，来探讨组织层面网络结构及绩效对于个体层面网络和资源的作用
六、结论与展望	本章对以上研究进行了总结和概括，阐述了理论价值和管理，最后指出本研究的不足并展望了未来研究方向

图1-1 主要章节内容

量（The strength of weak ties）”一文就指出社会网络分析能够把个体间关系、“微观”网络与大规模的社会系统的“宏观”结构结合起来。

社会网络分析按照群体的不同可分为两种基本的类型——自我中心网络（Ego－centered networks）分析和整体网络（Whole Network）分析。自我中心网络是从个体的角度来界定社会网络、以特定行动者为研究对象，主要考虑与该行动者相关的联系，以此来研究个体行为如何受到其他人际网络关系的影响。整体网络分析关注的焦点是网络整体中角色关系的综合结构或群体中不同角色的关系结构，为了衡量这些结构，社会网络研究学者们提出了一系列的指标来分析这些网络结构，包括出度（out－degree）/入度（in－degree）、中心性（centrality）、结构洞（structure hole）等。

（2）研究样本

选取全球最大的开源软件协作开发平台 SourceForge 上的开源项目作为研究对象。之所以选择开源软件，是因为其团队的生产活动完全依赖于志愿者的自主贡献，是典型的依赖外部资源的开放式创新项目。SourceForge 上的注册用户可通过此平台协作完成新产品开发，其种类涵盖各类应用软件、游戏、工具等。注册用户可志愿加入任意团队参与开发，并在遵循开源用户许可的前提下提交或修改软件代码，完成新产品的创造。产品源代码向外公开，所有用户均可自由下载软件免费使用。

为了获得计算创始人社会资本以及各个层面网络指标的基础数据，需要构建较为完整的协同创新网络。由于志愿者可自由选择参与某一项目，并且 SourceForge 上包含了新产品开发项目与志愿者的从属关系（谁参与了哪个项目）以及志愿者在特定项目中所扮演的角色（此志愿者是否管理员）的数据，为我们的研究提供了识别项目创始人和构建协同创新网络的基础数据。本书采用滚雪球法选取研究样本（Wasserman and Faust，1999；Mallapragada et al.，2012）以保证获得较为完整的网络。具体步骤如下：首先列出在 SourceForge 网站上在相近时间内注册的新产品开发项目和参与了这些项目开发的志愿者，接着列出这些志愿者参与的所有其他项目（志愿者们可自由选择参与多个新产品开发项目）；然后，列出所有参与了这些新项目的额外的志愿者，并列出这些志愿者参与的额外的新项目；最后根据这些新项目找出参与这些项目的新志愿者，至此完成三轮滚雪球步骤。

由于各个研究中探讨了不同层次的网络指标，因而需要进一步将通过滚雪球方法获得的二模网络投射为不同层次的网络，例如志愿者个人层面的关系网络，以及创新团队层面的团队合作网络。根据社会网络分析方法，将每一个行动主体作为一个点，若两个行动主体之间存在关系（如朋友关系、合作关系等）则产生一条边，由此勾勒出由点和边组成的社会网络拓扑结构（Jin et al.，2002；Wasserman and Faust，1999）。协同创新网络属于社会网络的其中一种类型，行动者间的关系因为合作和交流而产生。换句话说，行动者之间因为存在共同的志愿者而产生一条关系，不同的团队/产品之间由于存在共同的志愿者而产生一条边。这种存在两类异质节点的网络被称为二模网络（Faust，1997）。然后，将新产品开发项目与志愿者的从属关系数据转化为一个从属关系矩阵（志愿者为行，创新项目为列，若志愿者参与了此项目则数值为1，否则为0），便可以得到含有两种异质节点（创新项目和志愿者）的二模网络，这个网络刻画了志愿者与创新项目的归属关系。图1－2为构建此共有协同创新网络的方法，圆点表示创新团队/开源产品，方点表示志愿者。若志愿者同时参与了两个团队（如节点3），则两个团队之间产生一条边（如团队A和B因共同志愿者3而相连）。

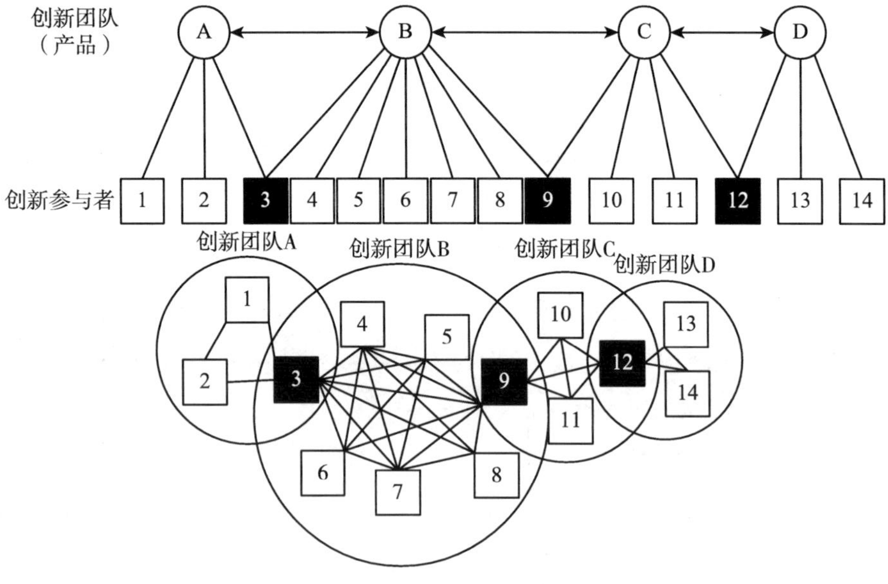

图1－2　共有协同创新网络的构建

由于在各个研究中，需要计算各个不同层面的网络指标，需要根据社会网络分析方法进一步将二模网络转化为一模网络以便进行进一步的计算和分析。

例如，创始人社会资本是个人层面变量，而团队结构桥接性是团队层面变量，需将这两个不同时间段上的二模网络分别投射为只含一类节点的一模网络。主要方法如下：首先，若计算创始人社会资本，需投射为只含有志愿者节点（个人层面）的一模网络，这个过程实际上将项目作为了志愿者间产生边的条件，若两个志愿者共同参与了某项目，则认为这两个志愿者之间存在直接的合作关系；若需计算创新团队在团队层面协同创新网络中的结构桥接性，需投射为只含有一类项目节点（团队层面）的一模网络，这个过程则是将共同志愿者作为了不同项目间产生边的条件，若团队间有共同志愿者，则产生一条边。最后，调用R软件中Igraph包分别计算各个网络指标数据。Igraph是一款网络分析工具包，可统计分析网络图的几何特征，还包括图上的很多经典算法，例如最大连通图、最短路径等。Igraph包具有较高的数据处理效率和易用性。Igraph是开源和免费的，可以用R、Python、Mathematica和C／C ++编程。

1.3.4 数据分析方法

本书基于社会网络理论，探讨了在开放式创新背景下，创始人社会资本、创新团队与创新绩效间的协同演化机制。具体将其分解为三个研究：研究一（创新资源的获取——创始人社会资本如何影响创新团队资源）、研究二（创新资源的利用——创新团队结构和特性对新产品开发绩效的影响）、研究三（初始资源的来源——创新团队结构和绩效如何重塑创始人个人网络）。针对这三个研究问题，提出了三个理论模型，并分别进行了验证。在通过二手数据和社会网络分析方法获得了基本变量数据后，本研究对三个理论模型进行了实证检验。为了检验研究一，本书采用最小二乘法结构方程模型（partial least squares structural equation modeling）对数据进行分析，并使用统计软件SmartPLS 2.3对数据进行拟合，为研究一中提出的研究假设提供实证数据的支持。为了验证研究二中所提出的假设，首先使用SPSS21.0统计分析软件运用单因素方差分析（ANOVA）对假设一进行了检验，并进一步通过逐步回归模型对假设二、假设三、假设四和假设五提供了数据支撑。最后，采用了含内生变量的二阶段Tobit模型（2SLS with Endogenous Covariates），为研究三中的假设提供了数据支持。

第2章　文献综述

2.1　开放式创新

得益于互联网的社会网络化，利用社会网络的虚拟性可以在更大范围内汇集用户的盈余资源①，也可以让用户更加自由便利地贡献自己的盈余资源②，利用社会网络的交互性可以更好地激发用户自发贡献的积极性③，同时让大家在自发交互沟通中达成共识并创造出群体智慧④。此外，知识人群的迅速增长，有价值的自由时间不断累积，认知盈余资源总量不断扩大。SourceForge 开源软件开发平台上截至 2015 年 11 月已吸引了全球 370 万位志愿者参与，但这仍只占全球盈余资源的极小部分。可以说，互联网为挖掘开放的外部创新资源打开了方便之门，使得开放式创新成为封闭式创新的补充甚至是可媲美的创新模式。

封闭式创新也被称为“生产者模式”（Baldwin and Von Hippel，2009），其中出售的商品或服务的生产商被认为是创新的主要来源。封闭式创新中，强调企业研发实验室对于创新的作用（Mowery，1983），如美国的贝尔实验室是晶体管、通信卫星、蜂窝移动通信设备、有声电影以及通信网等许多重大发明的诞生地。企业研发中心的存在主要是为了维持和改进企业的生产活动（Chandler and Hikino，1990）。这些内部研发活动使企业能够在其垂直整合的边界内利用

---

① 盈余资源表现为多种形式，可以是用户的认知资源，比如利用富余时间发表评论、分享个人知识、贡献个人智力；也可以是用户拥有的外在资源，比如用户掌握的个人信息资料、用户的电脑空闲时间等。

② 典型的例子是社会化媒体出现，利用社会网络平台，每个用户可以随时关注外部情况并做报道点评，形成所谓的自媒体。事实上，很多社会热点问题报道最开始来自于网民的自发关注和揭露。

③ 在互联网社会平台上，每个用户是可以看到别人对自己发言或者分享资料（比如发言或者共享资料）的评价和反馈的。如果某个人分享了一篇好文章，有很多人看后给予点赞和好评，这种反馈势必会给分享者带来正面的成就感，也会激发分享者再次参与分享的积极性。

④ 比如很多用户通过参考了解其他用户的购物体验和评价来做合理的决策判断，同时也根据自己体验对产品进行评价供他人参考，很快可以形成对好产品的推荐和差产品的共识。

其特定资源提高其产品的竞争力。对于封闭式创新的管理方法之一就是依靠内部人员，或者是知识型人才（Conant，2002）。由于需要收回企业研发所投入的巨资、专利和知识产权保护机制是封闭式创新模式中的重中之重（Hertzfeld，Link，and Vonortas，2006；Oxley，1999；Zhao，2006）。

不同于封闭式创新，开放式创新强调突破企业边界从企业外部获取资源，甚至有意识地将知识溢出作为其战略之一。开放式创新被定义为“利用知识的流入和流出，来加快内部创新和扩大外部创新市场”（Chesbrough et al.，2006）。目前，有关开放式创新的研究已经超越了概念化阶段（Helfat，2006；Chesbrough，Vanhaverbeke and West，2006a；Chesbrough，2003a；Chesbrough，2003b），进一步将开放创新理念应用在各种情境下，包括企业边界（Jacobides and Billinger，2006）、大学与产业关系（Fontana，Geuna and Matt，2006；Perkmann and Walsh，2007）、创新社区（Ebner，Leimeister and Krcmar，2009；Fichter，2009；Fleming and Waguespack，2007）、中小企业（SME；Small and Medium Enterprise）（Lee，Park，Yoon and Park，2010）、非营利组织（Müller－Seitz and Reger，2009）和区域创新体系（Cooke，2005）等。国内外企业均对开放式创新的实践进行了探讨，以下是有关企业应用开放式创新的案例介绍：

案例一：海尔的 HOPE 开放创新平台

海尔集团，领先全球的中国大型家电品牌，一直都是开放式创新的积极拥抱者。海尔 CEO 张瑞敏指出：“延续性创新是通过不断地改进现有产品来实现，本质上它还是一个封闭式的、关起门来自己研发技术的模式。现在，我们变成一种开放式创新，在和用户交互的过程当中，不断迭代，并把各种资源都整合进来。”在这种理念的指导下，海尔于 2009 年 10 月成立海尔开放式创新中心，正式开启对开放式创新的探索。2013 年 10 月，由海尔开放式创新中心开发并运营的 HOPE 创新平台（Haier Open Partnership Ecosystem）上线，在线上线下同时开展对开放式创新的探索。2014 年 6 月，HOPE 创新平台改版升级为 HOPE2.0，旨在实现用户、资源在平台上的零距离交互。

海尔借助 HOPE 平台，将创新者聚集在线上的生态社区，形成了一个全球范围的庞大资源网络，也是一个支持产品创新的一站式服务平台。海尔借助 HOPE 平台把技术、知识、创意的供方和需方聚集到一起，提供交互的场景和工具，促成创新产品的诞生。从结果来看，HOPE 平台支持海尔各个产品研发团队和超前研发团队创造了众多的颠覆性产品，如海尔星盒（中央空调系统的智能温控器）、控氧保鲜冰箱、净水洗衣机、传奇热水器、固态制冷酒柜、小焙烤箱等，受到消费者喜爱，在市场上迅速成为明星畅销产品。

案例二：乐高的开放式创新设计平台

1934 年诞生的 LEGO 公司是积木类玩具界的行业领头人，它以其独特的创造性和趣味性而风靡全球，曾被评选为 20 世纪畅销玩具之一。在乐高 80 多年的发展历程中，最初乐高均采用内部资源进行封闭式创新。90 年代时电子玩具开始风靡，乐高等传统玩具日渐式微，再加上管理决策和定位的失误，乐高一度濒临破产。2004 年后，乐高开始改变了传统封闭式创新模式，积极寻求与外部的合作。将以往的以设计师为中心的产品设计，转向以用户为中心。乐高将顾客进行分群，分为四大类：规则破坏者（Trickster）、信徒（Believer）、会员（Member）和使用者（User）。规则破坏者类似于领先使用者，这一类顾客群体喜欢改造乐高玩具，善于破坏既定的游戏规则开发出新玩法。例如，乐高将高科技引入其技术系列，打造了乐高头脑风暴系列（Mindstrom）。这个系列是为方便成人和儿童制作机器人而设计，可通过传感器、电动机、编程和可编程的程序库等实践经验为计算机科学、电子技术、机械工程和数学教学提供相关的机器人技术课程和技术。在风暴系列推出不久之后，很多酷爱玩乐高的粉丝们就在社区中发布破解的软件。乐高并没有封闭和禁止这一类的交流，反而积极地拥抱这类新想法和新玩法。从此，乐高基于外部资源，不断地累积这类资源，推出创新性的产品。例如基于全球 800 多位教育工作者的反馈推出乐高 MINDSTORMS EDUCATION EV3 机器人，这是一款可以遥控的可编程积木，由超过 500 个零件组成，还配备了触动传感器，红外搜寻传感器、颜色传感器等。

至今乐高也建立了“Design by me”的设计平台，让顾客下载软件使顾客也可将自己的创意上传到乐高的平台中，然后再经过顾客投票，胜出的概念可进入乐高的新产品开发中，最后进行下一步的研发推出新产品。“Design by me”是一个利用群体智慧集结创作的平台，配合开放式创新的政策与相关的知识产权保护，让每一个人都有可能是产品设计师。乐高运用开放式的在线共创平台，成功的缩短产品开发时程，由原来的 24 个月降至 9 个月，同时提升了顾客的满意度。

案例三：英特尔的产学研合作

英特尔开放式创新的方法，是在创新过程中应用外部资源。英特尔的研发战略由四项构成：大学研究赞助、大学周边的开放式合作研究实验室、公司内部研究项目以及公司收购。

英特尔赞助了五百多家大学，并且将其开放性合作实验室布局在相关领域的大学周围。这样的实验室一般有20个英特尔的研究人员和20个来自大学的研究员。尽管这种实验室是英特尔所有的，但是研究的环境相当开放，并且部分项目是公开的。英特尔更加重从大环境中快速学习，获得大量的新想法并获得知识产权。当然它也有自己的内部研究活动来获得有前景的发明，英特尔鼓励实验室从英特尔内部和各个业务单位角度出发提出有价值的创意，英特尔公司每两年就会更新一次研究开发的战略规划，以此来保护未来的发展。此外，实验室中基本一半的研究员都是学生。

2.2 开源软件社区

除了以上典型的应用开放式创新案例外，基于创新社区的开源软件一直被认为是开放式创新的典型代表（West and Gallagher，2006b），为了加深对开放式创新的理解，学者们基于此背景进行了大量研究（Chesbrough，2003；Mallapragada et al.，2012）。本章将在开源软件社区（Open Source Software Community）中，以开源软件开发为研究对象，探讨在极其流动的劳动力市场和知识密集型产业中，企业应采取何种创新战略以获得竞争优势。下节中，主要对开源软件的起源和发展、开源的概念界定进行了梳理，并进一步对比了开源软件与商业软件，以及开源软件开发与商业软件开发。

2.2.1 开源软件的起源和发展

20世纪五六十年代，计算机软件、编译器与硬件一起进行销售，而不需要额外收费。源代码，即一系列人类可读的计算机语言指令，与软件一起被发布，使软件可以被继续修正或增加新的功能。随着大型操作系统的成熟，越来越少的组织允许对操作软件进行修改。20 世纪七八十年代，开源概念逐渐转移到商业化模式。1997 年，埃里克·雷蒙（Eric Raymond）发表了大教堂与集市（The Cathedral and the Bazaar）一文，对黑客社区和自由软件原则进行了深刻的剖析。该文在 1998 年初获得了极大的关注，并促使网景通信公司（Netscape Communications Corporation）将其流行的 Netscape Communicator Internet 套件作为自由软件而发布，随后成为 SeaMonkey、Mozilla Firefox、Thunderbird 和 KompoZer 的基础。

Netscape 的行为促使 Raymond 等人开始研究如何将自由软件基金（Free Software Foundatio，FSF）的免费软件创意和感知利益带入商业软件行业。他们发现 FSF 的社会行为并不足以吸引像网景这样的商业公司，并且试图重塑自由软件运动以强调共享和协作软件源代码的商业潜力。“开源”这一术语于 1998 年 2 月 3 日在加利福尼亚州帕洛阿尔托举行的策略会议上创建，并迅速获得了支持和采用，包括社区人士，如林纳斯·托瓦兹（Linus Torvalds），1998 年 4 月参加自由软件峰会的许多关键人物，如 sendmail，Perl，Python，Apache，以及来自 IETF 和互联网软件联盟（Opensource. org，2012）。

表 2－1 是在 Hars & Ou（2002）基础上总结的开源软件的发展历史。

表 2－1　　开源软件发展历程

年份	主要事件
20 世纪 50～60 年代	软件源代码在 IBM 和 DEC 的用户群以及 ACM 的算法模块中无限制的散布
1969	Ken Thompson 编写了 UNIX 的第一个版本，其源代码在 20 世纪 70 年代自由发布
1978	Donald Knuth（斯坦福大学）将 TEX 作为自由软件出版
1979	在 AT&T 将 UNIX 商业化之后，UC Berkeley 开始创建自己的 UNIX 版本 BSD（Berkeley Software Distribution）。加州大学伯克利分校的学生 Eric Allmann 开发了一个程序，通过 ARPANET 在计算机之间传递消息，这个软件后来发展成 Sendmail
1983	Richard Stallmann 呼吁提供免费软件，发布了 GNU Manifesto 项目，旨在开发一个自由的类 UNIX 的操作系统
1985	Stallman 创立了自由软件基金会（Free Software Foundation，FSF）
1986	Larry Wall 创建了 Perl（实用提取和报告语言），这是一种用于编写 CGI（通用网关接口）脚本的通用编程语言

续表

年份	主要事件
1987	开发人员 Andrew Tanenbaum 发布了 Minix，适用于 PC，Mac，Amiga 和 Atari ST 的 UNIX 版本，配有完整的源代码
1991	Linus Torvalds 发布了一个新的 UNIX 变体版本 0.02，他在 Minix 新闻组中称之为 Linux
1993	FreeBSD 1.0 发布了基于 BSD Unix，FreeBSD1.0 包括网络、虚拟内存、任务切换和大文件名。Ian Murdock 创建了一个名为 Debian Linux 的新 Linux 发行版
1994	Marc Ewing 组建了 Red Hat Linux。它很快成为领先的 Linux 发行商。Bryan Sparks 在前 Novell 首席执行官 Ray Noorda 的支持下创建了 Caldera
1995	Apache Group 基于国家超级计算应用中心（NCSA）的 HTTPd 1.3 和一系列补丁文件构建了一个新的 Web 服务器 Apache。它已成为主导的 HTTP 服务
1998	Netscape 不仅放弃了 Communicator 5.0（Mozilla），还发布了它的源代码。Computer Associates，Corel，IBM，Informix，Interbase，Oracle，Sybase 和其他主要软件供应商宣布计划将其产品移植到 Linux Sun 宣布计划向开发人员发布 Java 2 的源代码
1999	Linux 用户数估计为 750 万
2000	Novell、Real 和其他软件公司发布了在 Linux 上运行的产品版本
2001	为了应对开源软件带来的冲击，微软推出一项“共享源代码”计划，依据这项计划，独立开发者在开发系统级的软件时可以申请查看他们所需的源代码，政府和单位出于信息安全的考虑也可以要求审查源代码，而教育研究机构在进行科研时亦可以申请获得源代码的支持
2003	微软与中国政府签署了“政府源代码备案计划协议”
2008	Google 发布基于 Linux 内核的开源安卓系统
2009	微软向 Linux 内核贡献了超过两万行代码，大大增强了在 Windows Server 2008 Hyper-V 上运行 Linux 操作系统的虚拟机的性能
2010～2014	以 Eucalyptus、CloudStack 为代表的开源云系统发布
2014	微软拥抱开源，在云策略发布会打出了“微软爱 Linux ”的口号 微软预览体验项目（ Insider Program ）发布，致力于为喜欢尝鲜的用户迭代推送包含最新功能、处于测试阶段的微软产品，并通过一个“反馈中心”的程序让用户提交他们的使用体验及错误报告
2014～2018	

资料来源：根据 Hars & Ou（2002）整理和更新。

虽然开源计划旨在鼓励使用新术语并传播其遵守的原则，但商业软件供应商却认为自己受到了开源软件的巨大威胁。一位微软公司执行官曾于 2001 年公开表示：“开源是知识产权的破坏者，我无法想象有什么比开源更可能摧毁软件行业和知识产权”（Charny，2001）。不过，企业对于开源软件的态度已经发生改变（Voas，Miller and Costello，2010）。商业公司已经开始意识到开源的价值，如 IBM，Oracle 和谷歌等，并通过互联网开展开源活动。这还只是参与到竞争激烈的开源软件市场中的一小部分公司而已。

2.2.2 开源的概念界定

一般来说，开放源代码（open source）是指程序的源代码可供公众使用或可基于其原始设计进行免费修改，即开放。开源代码通常是作为协同工作（collaborative effort）而创建的，任何人都可以对其进行修改，将其移植到新的操作系统和指令集架构中，并与其他人共享，或者在某些情况下将其进行市场化。与企业拥有的商业软件相对应，开源产品在开放技术社区中萌芽并迅速发展。

此外，开源并不仅仅意味着访问源代码。开放源代码促进会（OSI）还认为开源软件的分发条款必须符合以下标准：免费再发布、简便的源代码获取方式、可通过允许修改和导出源代码开发衍生产品并遵循相同的软件授权许可类型、保持源代码的完整性、不限制其他相关产品、不与产品相关、不歧视任何个人或团体、不歧视任何领域、保持技术中立等等（Opensource. org，2012）。这些原则和约束保证了开源软件行业的健康发展，并为诸多优秀开源产品的产品提供了基本的土壤。

2.2.3 开源软件与商业软件

在开放源代码促进会（Open Source Initiative）发布的有关开源计划的认证标准中说明，程序的源代码必须免费向公众提供。开源的思想使得开源软件拥有了区别于传统商业软件（专有软件）的关键特征——源代码的可获得性。商业软件的源代码被认为是有价值的知识产权，因此被严密保护；开源软件的源代码会向公众发布，任何人都可以在不支付许可费的情况下获取和使用这些软件，并查看和修改其源代码。

那么哪种开发模式在生产产品的质量和可靠性上更胜一筹呢？许多研究对

此进行了探讨，但并未形成统一的观点（Boulanger，2005）。有关开源软件和商业软件相对安全性和可靠性的争论一般来说聚焦于两个关键的因素——源代码的可获得性和软件的缺陷级别。支持传统商业软件的人认为开放的源代码会引起“黑客”的注意，并搜索可利用的漏洞，然后开发和部署病毒或其他类型的恶意软件，因此对于使用开源产品的组织来说存在重大的安全威胁。但开源软件的支持者则认为这一假设存在很多问题，因为它简单根据“安全源于隐蔽”的基本前提来推断封闭源代码的商业软件比开放源代码的软件更为安全。但若此假设为真，那么封闭源代码的商业软件发布漏洞报告的数量和速度应该远远低于其他开源软件，但事实并非如此，隐藏软件的源代码并不能保证其安全。有意寻找漏洞的人并不需要源代码来发现软件缺陷。例如，找到软件缺陷的常见方法是发送意外和不寻常的数据，然后观察系统如何响应。如果系统处理失败或行为不规律，都表示系统存在缺陷。总而言之，开源软件和专有软件在安全性和可靠性方面大致相当，并没有哪一种从本质上比另一种更为安全或可靠。实证研究表明，开源软件可能会优于专有软件，不过任何未被开发成安全产品都将不会存在此优点。一些专有软件则比其相应的开源产品更为安全（例如，S/COMP 或 GEMSOS ** 与 Gnu / Linux），而某些开源软件则似乎比相应的专有软件更为安全（例如 Apache 与微软 IIS）（Boulanger，2005）。

开源软件在安全性和可靠性上与花费巨大的商业软件并不存在优劣之分，但在开发过程上却存在较大的差异。传统的商业软件开发中，生产者和使用者之间严格分离（Krishnamurthy，2003），进行创新和弥补缺陷依赖单一的开发者反馈循环。有兴趣的用户可能会提出建议，但是开发过程仅限于生产者本身，由企业内部的设计师、项目经理、程序员、技术撰写者和质量保证工程师组成的专业团队进行开发。传统商业软件的生产过程需经过设计审查、开发进度报告、并完成正式的质量保证测试。一旦完成，这些软件便被公开出售或授权，软件产品的支持工作通常由系统开发人员负责提供。总而言之，传统的商业软件开发依赖于企业内部资源，其审查和修复过程是通过企业内部的研究和开发来发起和引导的。

开源软件不仅依赖于开发者反馈循环，还依赖于用户反馈循环。在用户反馈循环中，使用开源软件的用户发现缺陷后，可向核心开发人员提交错误报告和改进建议。因为源代码是公开的、用户可以找到缺陷、提交可疑代码片段、并提供补丁来纠正问题。一旦从用户循环中提交了一个补丁，在进入软件源代码库之前，还需要在开发人员循环过程中经过严格的同行审查和测试。消费者反馈循环和开发人员循环过程相结合使得开源软件的开发成为一个非常有效的系统，不论是核心开发人员还是用户都可以负责源代码的审核工作。有关这些软件的免费支持也由志愿者社区以邮件列表和网站的形式提供。此外，每个用户都可能成为开发人员，为开源软件的成功作出贡献。在开源环境下，消除错误和改进软件的过程比商业软件的传统开发渠道快得多，因为社区中的信息共享，能够快速的借助同行审查来修改和修复错误。

表2－2对开源产品和商业产品间的区别进行了总结。

表2－2　　开源产品与专有产品的对比

属性		开源软件	商业软件
开发	人员	松散协作的志愿开发者	付费的全职软件开发人员
	过程	结构化程度较低； 开发者反馈循环 ＋用户反馈循环	迭代式； 单一的开发者反馈循环
源代码授权类型	可用性	公开可用	商业机密
	分发	允许重新发布	打包，不允许免费重新发布
	易用性	易用性较高	易用性较低
灵活性		可定制； 其他人更容易定制	专有软件生产商通常不允许用户改变或定制他们的产品
质量		理论上无差别	理论上无差别
可靠性		理论上无差别	理论上无差别
安全性	修复性	源代码的可用性导致问题被更快地发现和修复	专有软件生产商可以通过付费获得许多全职的软件开发者，以确保代码是安全的
	脆弱性	代码完全开放，任何人（包括恶意用户）都可以查看它，以确定如何利用潜在的漏洞	代码不是开放的，因此恶意用户更难以确定如何利用潜在的漏洞

资源来源：笔者根据相关文献整理。

值得注意的是，开源软件的用户反馈循环对于能吸引从社区中吸引更多创新资源的开源软件项目来说会更为有利。那些获取了大量的社区资源的开源项目能够通过不断地努力提高产品的可靠性和功能。一旦开源项目获得了关键的群体，（如核心开发人员和用户资源）或能够从社区中获取有价值的知识和信息，开源产品可以达到与专有系统相同的可靠和安全标准。值得注意的是，刚成立或拥有初始资源较少的开源项目可能缺乏更多的关键资源，最终能够在社区中获得更多的创新资源的开源项目更有可能获得竞争优势。

2.3 开源社区相关研究

2.3.1 参与动机

早期的实证研究致力于解释开源模式这种区别于传统软件开发模式的现象，这些研究试图解释开发人员为何无偿地进行软件开发工作。已有研究将人的行为动机分为两个大类：外部动机和内部动机。外部动机的概念最初由 Skinner（1953）提出，由 Deci（1972）进一步发展，基于外部动机采取的行动只是讲其作为获得结果的一种手段。如果是基于外部动机，那么行动只是为了获得可以该活动相分离的结果，如身份、赞许或经济补偿。因此，在没有奖励结果的情况下，人们将不会采取行动。相反，若人们采取行动获得的结果除了该活动本身不存在其他的奖励（Deci，1972），那么就会被认为是基于内部动机采取的行为。

关于参与开源软件开发的动机研究提出了四个主要的解释。第一，开发人员可能存在内在动机，这种动机来源于对开源运动所依据的“意识形态”强大的认同感（Raymond，2001）。最初体现这种观点的开源软件授权协议是通用公共许可证（General Public License；GPL），它要求构建在其上的源代码以及任何后续的源代码必须也保持开源。第二，源代码贡献者和积极参与 OSS 社区的开发人员可通过同行评议（Raymond，1999a，1999b，2001）以及来自劳动力市场的商业回报以增强自身的声誉和地位（Johnson，2002；Lerner and Tirole，2001，2002）。第三，开发商希望通过互惠原则从他们以往贡献过的项目中获得回报（Lakhani and von Hippel，2003）。第四，开发商也可能从参与到开源软件开发过程中获益，如获得实用价值（Shah，2006）。在这些动机解释中，均存在一些不同程度的内在和外在动机，这些动机通过一系列的实证研究得到证实。表 2 – 3

对有关参与开源软件开发的动机相关研究进行了梳理。

表 2－3　　相关文献梳理

作者	年份	主要发现
Lerner & Tirole	2002	参与者能够通过参加开源项目获得一定的声望，最终从工作市场中获益
Johnson	2002	开源软件是自愿将个人的成果贡献给社会，参与者最主要动机是最终自己使用或者消费最终产品
Hars & Ou	2002	参与动机可分为内部动机和外部动机：内部动机包括利他、兴趣、学习、乐趣；外部动机包括预期未来收益和个人使用需求
Harhoff，Henkel & Hippel	2003	参与者能够从分享他们的创新成果中获益
Hertel et al.	2003	从个人和社交（团队）两个方面分析参与社会运动的动机：个人因素包括赢得声望和地位、个人使用需求和时间宽裕度；社交因素则包括对目标的评估、感知自我重要程度以及自我效能
Lakhani and Wolf	2005	内部动机能够促进消费者参与开源软件开发活动，包括个人满足感（personal satisfaction），意识形态（ideology）和专业地位（professional status）
Roberts et al.	2006	志愿者的不同参与动机并非相互独立而是互相关联；不同的参与动机对创新绩效的影响不同；过去的参与表现可增强后续的参与动机
Fershtman & Gandal	2007	在限制性授权情况下（restrictive licenses），地位、信号及内在动机是未被雇佣的志愿者们参与贡献的主要动机
Freeman	2007	探讨动机的动态、非个人主义和内容敏感方面

2.3.2　创新模式

另一类研究旨在了解开源软件开发作为创新模式的可行性和可持续性（Dalle and Jullien，2003；Osterloh and Rota，2007）。理论上，开源软件被认为是基于网络社区的创新模式，它与基于企业的商业创新模式不同（Lee and Cole，2003）。OSS 项目的成功取决于项目从社区获得资源投入的程度（Krishnamurthy，2003；Stewart et al.，2006）。然而，社区资源是有限的，因为志愿者以及他们的时间和精力都有限（Lee et al.，2017）。OSS 项目可能会因为无法获取足够的社区资源而遭受失败，例如没有志愿者愿意加入该项目以补充和完善其源代码（Belenzon and Schankerman，2015；Subramaniam et al.，2009）。这些局限性使得如何吸收更多的社区资源成为项目负责人和相关企业的主要关注点。

除了将开源软件开发作为一种区别于传统软件开发的新型创新模式进行研究，新兴研究进一步探讨了参与开源软件开发的志愿者的具体选择，这种选择体现了项目对于社区资源的获取程度。Stewart 等（2006）发现，对源代码实施不同程度的控制的项目授权类型存在显著的影响。Hahn 等（2008）发现志愿者决定参与的可能性与他和团队已有成员先前的合作关系和已有成员的感知地位正向相关。Belenzon 和 Schankerman（2015）则关注选择不同程度的项目授权类型对劳动力市场的影响。这些研究提高了对于如何增加吸引潜在志愿者可能性的理解。本书则通过研究影响志愿者参与的项目的因素以及这些决策如何同时形成团队结构来扩展这些文献。

2.3.3　创新绩效

还有一系列研究检验了影响创新绩效的因素，包括项目特征（Subramaniam et al.，2009；Stewart et al.，2006）、贡献者行为（David and Rullani，2008）和知识共享（Kuk，2006）等。鉴于开发人员和创新项目通过合作关系在社区中形成了一个复杂的关系网络，一系列的研究重点关注了社会网络结构如何影响创新绩效（Grewal et al.，2006；Mallapragada et al.，2012）。组织情境下的研究将战略网络视为最重要的租金资源之一（Gulati et al.，2000），因为企业高度地嵌入在与其他行为者的各种关系中（Galaskiewicz and Zaheer，1999；Gulati，1998；Granovetter，1985）。学者们强调网络位置与绩效之间显著的相关性：行动者在网络中所处的位置（即与其他人的连接方式），与其经济绩效显著相关。不同的学者对哪种网络位置最优的主张有所不同：一方面，学者强调网络结构紧密性的作用，因为网络结构紧密性能够增强人际间信任、成员归属感，并且减少资源流动的障碍；另一方面学者则强调网络结构桥接性的作用，因为桥接性能够提升行动者的信息中介权利、提升创造新知识的可能性以及更好地利用内部能力等。其中，网络桥接性一直被认为是一种优势网络位置。网络桥接性在社会网络中被广泛运用。占据网络桥接位置的行动者提供了两个相互分离群体之间的唯一渠道，因而获得信息和知识的中介权利。其价值在于：提供了非冗余关系，并提供了新的信息和机会。在 OSS 背景下，实证研究表明，创新项目可用的资源和信息取决于项目创始人在建立该项目时的社会网络，这种网络特征可能会影响 OSS 开发的绩效。Grewal et al.（2006）指出，网络嵌入（network embedddedness）对创新项目获得成功具有显著且微妙的作用，并指出创始人和其他项目之间的网络关系是决定项目成功的关键。Mallapragada et al.（2012）则扩大了嵌入性的影响，进一步指出创始人社会资本有利于减少产品开发所需时间。这些研究表明，创始人的社会网络为 OSS 项目提供了必要的资源，但忽视了创新团队资源，这是开放协作和团队生产特征的 OSS 发展的核心（Benkler，2002；Sheen and Prietula，2013）。我们通过研究创始人的社会资本如何影响团队资源的获取以及团队资源对创新效率和效率的后续影响来扩展这一文献（研究一）。

2.4 创新资源

创新实际上是将已存在的知识或想法进行重组和转化，从而创造出新知识或新组合的过程（Henderson and Clark，1990）。为实现创新，组织需具备相关的资源和能力，包括人、财、物等投入要素。创新资源是指企业技术创新需要有各种投入，包括人力、物力、财力各方面的投入要素，这些既是需要流动的商品，也是企业创新所需要的重要资源。由于开源软件开发具有区别于传统商业软件的特性，为了识别开放式创新中关键的资源，本文选取了资源基础观（Resource－based view；RBV）作为理论框架。资源基础观为解释和预测企业竞争优势的基础提供了重要的理论框架（Barney et al.，2011；Slotegraaf et al.，2003；Vorhies and Morgan，2005）。

本书出于以下三点原因选择在开源软件开发环境中运用资源基础理论：首先，资源基础观为本书识别项目团队的战略资源提供了一个合适的理论框架，这个框架支撑了本书中的一系列假设（Barney and Hesterly，2015），并可用于解释和预测创新绩效（Kozlenlova et al.，2014；Barney et al.，2011；Vorhies and Morgan，2005）；其次，学者们已经成功将资源基础观应用在开源软件开发领域（Ghapanchi et al.，2014；Scacchi，2007）以及项目层面（Gefen and Straub，2005；

Song and Montoya – Weiss, 2001)；最后，资源基础观已经得到了几项研究的实证支持（如 Hulland et al. , 2007；Jugdev et al. , 2007；Srivastava et al. , 2001）。

资源基础观认为，企业可被视为各种资源的集合体，因为受到各种因素的影响，不同的企业掌握的资源各不相同，即企业的资源具有异质性，这种异质性决定了企业的竞争优势。基于资源基础观，这些资源具有价值性（Valuable）、稀缺性（Rare）、不可模仿性（Imperfectly Imitable）和难以替代性（Non – Substitutable）的特点（Barney and Hesterly, 2015；Barney, 1991；Lavie, 2006）。具体来说，"资源"是指组织可以利用来实现其目标的有形和无形资产（Barney and Arikan, 2001）。Barney and Hesterly（2015）区分了四个主要资源类别，即财务资源（financial resource）、实体资源（physical resource）、人力资源（human resource）和组织资源（organizational resource）。财务资源包括企业可用以构思和实施战略的所有资金；实体资源是指企业拥有的所有实体物质，包括厂房、设备（例如计算机硬件和软件）、地理位置以及原材料等；人力资源包括人员的专业知识、判断力、智力和见解（Barney and Hesterly, 2015）；组织资源则包括组织的正式报告结构，计划、协调和控制机制，以及组织间的非正式关系（Barney and Hesterly, 2015）。

由于开源软件开发区别于传统商业软件开发的诸多特点，使得我们不能将传统商业软件开发中所需的资源直接套用在开源软件开发中。首先本文对比了开源软件开发与专有软件开发在各创新要素上均存在差异，如表 2 – 4 所示。

表 2 – 4　开源软件开发与商业软件开发在创新要素上的差异对比

创新要素		开源软件开发	专有软件开发
人	参与主体	有自由时间的知识群体	内部员工
	参与形式	自发、自愿、自由	合同契约、规章制度
	参与动机	社会性动机	经济性动机
	团队组建	自我选择	指派和任命
	人员管理	扁平自治式	垂直计划式
财	资金投入	低	高
物	组成要素	创新信息	原材料、场所、创新信息
	获取方式	吸收团队创新资源	配置内部优质资源
	管理方式	开放分享	控制独占

资料来源：作者整理。

财务资源。包括企业可用以构思和实施软件开发的所有资金。传统商业软件开发中，企业通过支付薪酬激励参与者（内部员工）的经济性动机，所需资金投入较多。开源软件开发中，参与者不会得到经济报酬或物质回馈（Hars and Ou，2002，Hertel et al.，2003，Roberts et al.，2006），他们出于兴趣（Bergquist and Ljungberg，2001；DiBona et al.，1999）、赢得声誉和地位（Lerner and Tirole，2001）以及互惠（Raymond，1999）等社会性动机参与创新活动，不需要大量的资金投入。

人力资源。包括参与到软件开发项目中所有人员的专业知识、判断力、智力和见解。传统商业软件主要依靠企业指派和任命来组建团队，并在遵循合同契约和规章制度的情况下进行创新活动，企业可施加的控制力较强；而开源软件开发依靠参与者的自我选择，企业的控制力较弱。此外，传统商业软件开发可通过层级化的管理模式对创新过程进行计划、组织、领导和控制，而开放式创新中扁平自治式的管理模式也使企业无法对项目进度、人员流动、参与动机和信息资源进行直接管理。

实体资源。包括进行创新所需的资源，如厂房、设备（例如计算机硬件和软件）、地理位置以及原材料等。传统的软件开发中，企业需要为员工提供固定的办公地点以及软件开发所需的硬件和软件等，但参与到软件开发项目中的人大多是志愿者，他们散布在世界各处，所以自由地选择办公地点，并使用他们自己的个人电脑和渠道来接入互联网（Scacchi，2007）。

组织资源。包括组织的正式报告结构，计划、协调和控制机制，以及组织间的非正式关系（Barney and Hesterly，2015）。开放式创新基于虚拟互联网利用团队创新资源进行创新，并不存在正式的报告结构，计划、协调和控制机制，因此创新团队间的合作关系就显得尤为重要。创新团队之间的关系有利于项目获取创新所需要信息。信息可降低创新过程中的不确定性，分为方案信息（技术导向）和需求信息（用户导向）。传统商业软件开发中，企业可通过控制和独占方式配置内部优质人员，以获得充分的技术解决方案信息；也可通过网络获取市场需求信息，并通过层级式管理聚焦和定位需求。开源软件开发基于开放和分享原则吸收社区创新资源，关键在于汇集社区资源以获得充分的方案信息，同时通过网络获取需求信息，但通过扁平自治式管理定位用户需求。

如前所述，开源软件项目通常由全球分布的志愿者基于虚拟的互联网而开发。这些志愿开发人员通常使用他们自己的个人电脑和自己的渠道来接入互联网（Scacchi，2007）。因此，在这个特定的背景下可不考虑财务资源和实体资源。鉴于志愿者只能在空闲时间工作（Howison and Crowston，2014），他们不太可能同时参与过多项目（Hars and Ou，2002）。即使他们这样做，他们有限的精力也会限制他们在某一个项目上投入过多的时间（Rosa et al.，1999）。此外，由志愿者的自我选择和参与而形成的项目团队的网络结构对于没有一定的资源和能力来开发或获得的项目而言成本较高。因此，本文在开源软件背景下，主要识别了有助于帮助项目获取竞争优势、创造更高创新人力资源和组织资源（团队结构桥接性）上，这些资源被认为是在此背景下具有异质性和有价值的资源。

2.4.1 人力资源：团队规模

人力资源包括个人的专业知识，判断力，智力和见解（Barney and Hesterly，2015）。因此，人力资源对于开放源码软件项目的成功至关重要，因为志愿开发者提供组成软件的代码，并解决其中的问题和缺陷解决。特别是开源软件开发通常是在自愿的基础上进行的，志愿者愿意参与到某一项目主要是为了满足他们个人需求或兴趣（Hertel et al.，2003）。鉴于这些志愿者从事的是复杂的知识性工作，并且只能在空闲时间进行（Howison and Crowston，2014），他们必须通力合作，建立在彼此的工作上。这种情况促使我们将团队规模，即开源软件项目能吸引参与到项目中的志愿者人数，视为稀缺人力资源的有形表现。

2.4.2 组织资源：团队桥接性

组织资源包括组织的正式报告结构和计划，协调和控制机制，以及组织间的非正式关系（Barney and Hesterly，2015）。本书选择团队桥接性作为组织资源在这个特定背景下的表现有以下两个原因：首先，开源软件项目团队具有平等和无计划的特点（Von Hippel and Von Krogh，2003），不存在正式的报告、计划结构或等级控制机制。因此，本书强调项目团队之间的关系的重要性。其次，在所有经常研究的关系网络结构中，提供两个或两个以上互不关联的行动者之间唯一联系的桥接性通常被视为竞争优势的来源，特别是在知识密集和高创造性的情境下（Ahuja，2000；Burt，1997，2004；Shipilov，2006；Zaheer and Bell，2005），因为具备高桥接性的行动者能够从网络中获得非冗余的信息（Burt，

1992）。因此，在前人研究的基础上，本书将团队桥接性，即团队网络在协作网络中的位置，视为开源软件背景下组织资源的有形表现。

2.5 共有协同创新网络

2.5.1 共有协同创新网络

协同创新是由不同的创新参与者构成的协同群体共同参与的创新活动，是一种基于社会网络的合作创新（刘丹和闫长乐，2013）。传统的协同创新群体包括企业和各种研发机构，这些企业或组织之间通过建立不同的关系，以获取和分享资源和信息，从而满足自身创新活动以及产品研发与更新的需求。例如企业联盟、企业与高校之间达成的合作等。不过，这些合作虽然在一定程度上满足了企业或组织获得外部知识和促进自身创新活动的目的。这种知识的分享和流动仍然是存在一定边界，并受到企业边界的限制（如人员雇佣关系）。由于对知识流出有意识的控制和制约（Srivastava and Gnyawali，2011；Phelps，2010；Li et al.，2008；Inkpen，2000），这种合作关系下的知识分享会受到合作伙伴知识及资源的可获得性的限制，以及合作伙伴知识分享动机的限制。也就是说，只有当合作伙伴愿意与其分享其资源、信息和知识时，行动者才能通过关系和网络获取相关的信息和资源（Etzioni，2001）。这些制约在一定程度上限制了知识和信息的流出（Dyer and Singh，1998；Lavie，2006）。总而言之，在传统的封闭式创新模式环境下，如由企业主导的专有软件的开发环境，关系和网络所引起的知识流出效应还是受到一定程度的制约和约束，因此尚不显著。

当协同创新团队由自愿者自发组成、通过志愿者的自主贡献实现新产品的开发与创造，且创新成果不以私有为目的时，这种创新模式不再聚焦于控制与独占，而是依赖于开放与分享。随着 Web2.0 时代到来，大量通过志愿者自主参与的新产品研发活动获得了巨大成功，甚至可以与企业通过投入巨资研发的产品相媲美，例如开放源代码的操作系统 Linux、浏览器程序 Firefox 等。这些创新成果由所有人共享，志愿者间的协同创新关系构成了共有协同创新网络。共有协同创新是一种无直接回报的、自发进行的社会化生产活动，它完全摒弃了私有协同创新中有意识抑制知识流出的思维。例如在开源软件创新社区中，每个创新项目都会根据相应的开源软件授权协议公布产品源代码，所有人都可自由查阅、修改或完善，从而推出新产品或新版本。共有协同创新式新产品开发通过志愿者的自发组织和协作实现新产品的开发与创造，且创新参与者可自由选择加入任一团队进行自主贡献，因此团队间的知识分享是完全自由、不存在边界和分享限制的。可见，共有协同创新的制度设计便是鼓励知识分享，社会资本带来的知识流出效应会显著增强。二者在组织边界、知识控制等协同创新的特征方面具有明显的差异，如表2－5所示。总之，在共有协同创新网络中，其制度设计便是鼓励知识的分享和流动，社会资本带来的知识流出效应显著增强。

表2－5　　　私有协同创新与共有协同创新的特征对比

特征	私有协同创新	共有协同创新
组织边界	有	无
知识控制	垄断控制	放弃控制（非商业用途）（von Hippel and von Krogh，2003）
知识获取渠道	限制	开放
目的	私有利益	公共利益
拥有者	专有（私人/组织）	共有
创新者	雇员	志愿者
产品	排他性	非排他性

由于共有协同式新产品开发中不存在严格的组织边界，以及对知识分享和流动的严格的控制机制，反而鼓励知识的自由流动和分享。创新参与者获取知识和信息的能力和程度不再受制于对方愿意与之相互分享知识的动机和意愿，而只取决于该行动者获取知识的动机和意愿。显然，两种协同创新中知识分享的实现机理存在差异。如图2－1所示，在私有协同创新网络中，需同时具备知识获取和分享的动机才可形成有效的知识分享流；而在共有协同创新网络中，行动者只需具备知识获取动机，便可通过其关系和网络完成知识的分享和流动。另外，这两种不同的协同创新网络对知识流动产生的影响也存在一定的差异。如图2－2所示，在私有协同创新网络，由于贡献者与企业、组织或项目团队之间存在正式雇佣和从属关系，一个参与者一般来说只能隶属于一个企业、组织或项目团队（如内部成员1—4，以及外部成员5—8）。同时，组织边界也会使

知识的分享和流动受到一定的制约。与之不同的是，在共有协同创新网络中，一个成员可自由地选择和参与到多个企业、组织或项目团队（如同时属于两个组织的成员1—4）。同时，由于不存在明显的组织边界，两个行动者之间的知识分享和流动不再受到制约。因此，知识流动和分享开始呈现双面博弈效应。

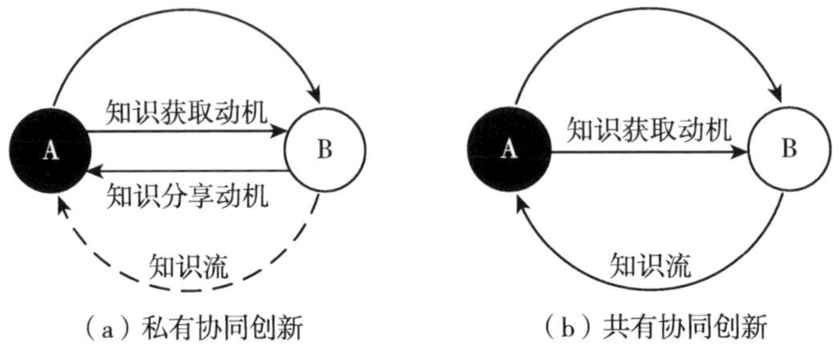

图2－1　私有协同创新与共有协同创新的实现机理

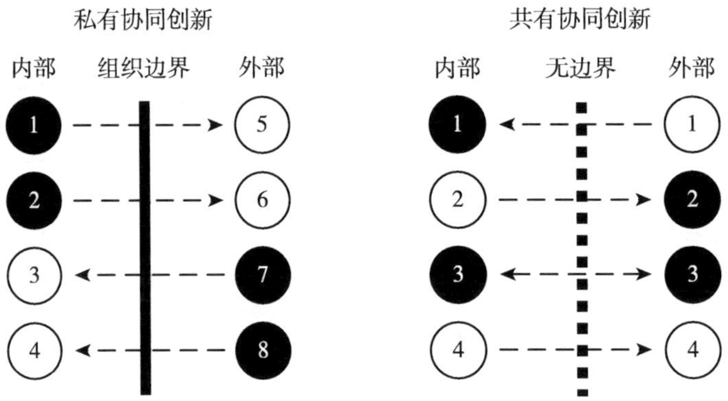

图2－2　私有协同创新和共有协同创新对知识流动的影响

2.5.2　共有创新网络中知识流出的多层复杂性影响

（1）宏观网络整体层面：知识流出的网络财富效应

从宏观层面上来看，知识流出会产生网络财富效应，因为所有人可以获取并利用这个网络中的知识，对知识进行重新组合和创造，并再次回馈网络，这样使得整个网络富于知识，进而加速了新产品的创新。也就是说，通过社会共创在宏观层面产生了网络财富效应。具体来说，在共有协同创新网络中，由于社会资本的知识流出不再受到抑制，网络中所有行动主体的链接关系也会促进知识与信息的扩散，这将为网络中具有高行为动机的行动主体提供了丰富的知识来源，志愿者可以便捷地从网络中获取各种开发新产品所需的知识，然后通过志愿者的自主贡献，每个人付出小的努力，从而创造更多具有价值的新产品（Howison and Crowston，2014）。从整个网络来看，产生了一个丰富的、共有的“公共池（common pool）”。事实证明，这种共有协同创新网络从网络层面来说获得了巨大的成功，百花齐放的新产品产生的同时，社会也收获了更加丰富的知识和资源。国外的开源软件开发平台（sourceforge. net）以及国内的开源中国（oschina. net）等的成功就是有力的证明，它们也因此得到社会各界的广泛关注。以 SourceForge. net 为例来说，作为全球最大的协作产品开发平台，志愿者能够通过 SourceForge. net 提供的平台，以协同合作的方式共同从事包括数据库工具、应用软件、游戏和实用工具等新产品的开发工作（Hahn et al.，2008），这里有一些最新的统计数据：2015 年 4 月，在 SourceForge. net 平台上，平均每周有超过 3100 次的下载、36000 次新代码提交、1414 个错误（bug）被识别①。这些数量庞大的志愿者、种类繁多的开源项目以及活跃的用户及新产品迭代过程，无不受益于平台上各种专业知识无限制的流出和分享。这不仅给平台自身带来收益，更多的是这种利益能够被社会所共享，从而为社会创造更多的价值。在美国，亚马逊（Amazon）、谷歌（Google）、哈福特保险（Hartford Insurance）和从事旅游预订的 Sabre 控股公司都通过采用开源项目而获得丰厚的回报。总而言之，从更广阔的层面上看，这种共有协同创新网络的知识流出效应对于经济社会中的各类行动主体都具有较高的、正向的网络外部性，这种正向的外部性不仅有助于加快行动主体的产品创新速度，还能给其他参与群体带来收益。

（2）中观群体竞争层面：知识流出的双面博弈效应

已有研究指出，社会资本的知识流入效应，即从外部获取知识和信息，有利于行动主体（团队）进行新产品的创新。然而，在共有协同创新网络中存在诸多不同的行动团队，这些团队担负着既相似又差异的各类新产品开发项目，他们在合作分享的同时，相互之间也存在着不同程度的竞争。例如，在 SourceForge. net 平台上数以百万计的开源软件项目开发中，诸多新产品开发项目获得了巨大的关注和成功（如 Apache、Linux 等），而像这种能够获得极大关注和

---

① 数据来源：Sourceforge. net

成功的团队毕竟是少数，每个成功者的背后有太多类似的开源项目的失败者，他们的努力被湮没在时间里了。从中观群体层面来看，社会资本的双面性对不同团队所发挥的作用确实有所差异，不同行动主体之间的知识流出存在双面博弈效应。具体来说，在共有协同创新网络中，不同开发团队在社会资本的知识流出效应导致行动主体自身的知识被扩散出去的过程中，若其从网络中吸收的知识在数量和质量上不能弥补自身知识被扩散出去带来的“损失”时，社会资本带来的知识流出效应的负面作用就会产生。通过文献梳理发现，知识扩散的质量和数量会受到社会结构的影响，直接联系的团队具有较高的同质性，使得行动主体获得更多的是相似的、冗余（redundant）的知识（Granovetter，1973）。当团队度中心性过高时，团队获取知识的同质性越高，但过多的直接联系也加剧了知识的流出，社会资本因此带来的边际风险会逐渐增加以至于超过其边际收益。此外，网络中被共享的新产品及知识将被赋予不同的价值（Lin，1982），这种产品或资源的价值赋予，部分是由对其需求或预期的相对稀缺性来决定的。直接联系的不同群体本身具有的相似性，加之知识的相互分享导致新产品在某种程度上的相似，都会影响行动主体开发的新产品被赋予的价值。因此，从单个团队/群体的层面来看，行动主体需要警惕社会资本的知识流出效应。

考虑到共有协同创新的主体是项目团队，以及知识流动对项目团队影响的复杂性，本书的研究二的将重点围绕创新项目团队来分析社会资本对其知识流动影响的复杂性，以及项目团队如何通过有效的协同创新来最大限度利用知识流动的正面影响并控制其负面影响。

（3）微观个体价值层面：知识流出的网络捐赠效应

社会资本的知识流出作用在网络层面存在网络财富效应、在中观群体层面存在双面博弈效应，而在微观个体价值层面则会产生网络捐赠效应。具体来说，在共有协同创新网络中，一个行动者通过其社会网络连接的知识代表了自我资源的全集。参与不同的新产品开发项目能够让个体行动者累积很多经验和声望，这些经验和声望能够使其在劳动力市场以及社会中更具优势。若参与的新产品开发项目获得成功，不仅能够吸引很多公司进行投资和聘用，还能使其在社会中获得一定的声望和地位。例如李纳斯·托沃兹（Linus Torvalds），Linux 内核的发明人及该计划的合作者，正是因为他对 Linux 项目的杰出贡献，使得他成为当今世界最著名的开发人员之一。由于 Linux 的杰出表现，它进一步得到了诸多大型计算机公司的支持，例如IBM、HP、Compaq、Sun、SGI、Dell、Oracle、Intel等。如上文指出的那样，能够像Linux这样获得巨大成功和关注的产品相比不计其数的共有协同式开发的新产品而言仍然是少数。不过，尽管个体行动者参与的某些新产品开发项目最终可能并未获得很大成功，对其自身而言，却可以彰显一定的符号效用，让其他人感知他的社会资本。已有研究发现，符号效用的产生是因为可以通过社会资本的相关连接来表现自我的潜力，这种潜力能够为个体未来的发展提供很好的保障和基础，并有助于增强其的社会认可度（林南，2004）。

2.6 社会资本与社会网络

2.6.1 多层网络理论

本书的主张使得我们有必要对创始人桥接资本和团队桥接性加以解释和区分。这两种结构桥接性实际上同一个网络结构概念，但属于不同层次的网络指标（见图2-3）。社会网络分析涉及行为者之间的社会关系（例如友谊、成员资格和联盟伙伴关系等），并产生了丰富的研究成果。在社会网络分析中，行动者既可以是个人，也可以是团队或者组织（Brass et al.，2004；Borgatti and Foster，2003）。在个人层面上，网络结构被认为与个人利益紧密相关——例如获得就业机会（Granovetter，1973）；而在集体层面，通过网络位置获取的利益往往与组织结果相关——例如创新绩效（Ahuja，2000；Obstfeld，2005）。

最近的组织研究中开始关注跨层级研究，正如Moliterno和Mahony（2011）主张的那样，“根据组织的定义，组织属于多层系统，因此组织的网络理论也应该是多层次，需考虑如何组织系统中一个层次的网络如何影响更高和/或较低水平的网络结构。”学者们已开始从单一层面的角度转向考虑一个层面的组织现象如何影响其他（更高或更低）层面的组织现象（DeRue et al.，2015）。

从多层网络视角来看，开源社区中项目和志愿者之间的关系也可被视为是一个嵌套网络，其中拥有各种志愿者的创新团队通过共同成员与其他团队产生

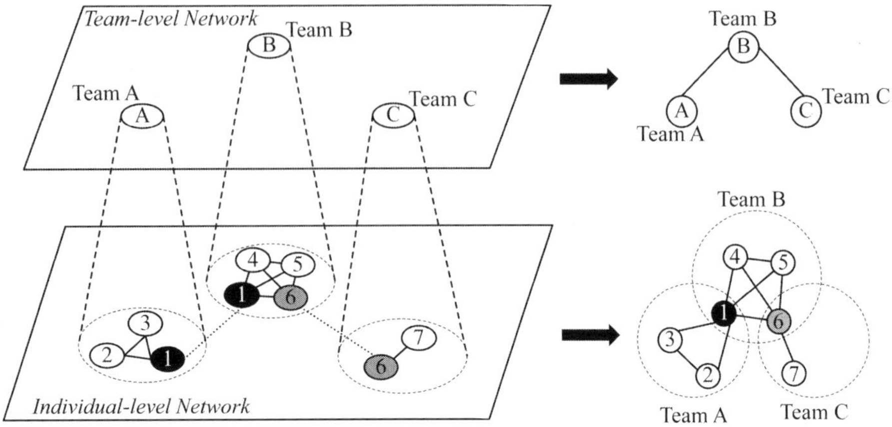

图 2-3　创始人桥接资本与团队桥接性的对比

联系，志愿者嵌套在项目团队中，每个项目团队本身就是团队层面网络中的一个节点，各个创新团队通过共同成员产生联系。本书采用多层次理论的视角，分析某一层次的网络结构如何影响另一个层次网络结构的形成：研究一中，探讨了个人层面的网络结构（创始人社会资本）如何影响团队层面的网络结构（创新团队组织资源）；研究三中，探讨了创新团队网络结构以及绩效如何影响创始人在个人层面网络中的网络桥接性。

2.6.2　创始人社会资本

社会资本理论认为，社会结构作为获取资源的渠道而产生价值，例如获取信息以及权威等，这些资源嵌入在社会关系网络中（Bolander et al.，2015）。关系的模式和由此产生的网络形态（network topography）为行动者同时提供了机会和约束（Granovetter，1985；Uzzi，1996）。创始人社会资本体现了创始人与社区中其他志愿者的嵌入关系（Granovetter，1985），这种嵌入关系为此项目提供了信息渠道、蕴含资源（杨震宁等，2013；Portes，1998），并具有一定的象征意义（地位、名声、知名度等）。在 OSS 社区中，项目创始人通过直接合作（Coleman，1988；Granovetter，1985），或者作为桥梁（Fleming and Waguespack，2007；Burt，2005）与其他志愿者建立联系。因此，我们将创始人的社会资本通过嵌入方式的不同分为嵌入资本（embeddedness）和桥接资本（brokerage），以描述这两种不同模式的合作关系（Mallapragada et al.，2012；Nerkar and Paruchuri, 2005)。当创始人参与了更多的项目工作（结构嵌入）作为不同项目团队信息交换的渠道（桥接嵌入）时，则此创始人在网络中嵌入的越深（Mallapragada et al. , 2012)。嵌入资本为节点有效访问网络中的其他部分提供了渠道(Grewal et al. , 2006; Ronchetto et al. , 1989)，从而测量的是创始人能够从网络中获取的信息和资源的数量。相反，桥接资本通过连接协同创新网络中彼此间稀疏连接部分（Burt, 2004; 2005)，控制了这些部分之间信息的交流，从而测量了这些信息和资源的新颖性（Mallapragada et al. , 2012)。图2－4是有关嵌入资本和桥接资本间差异的对比视图。

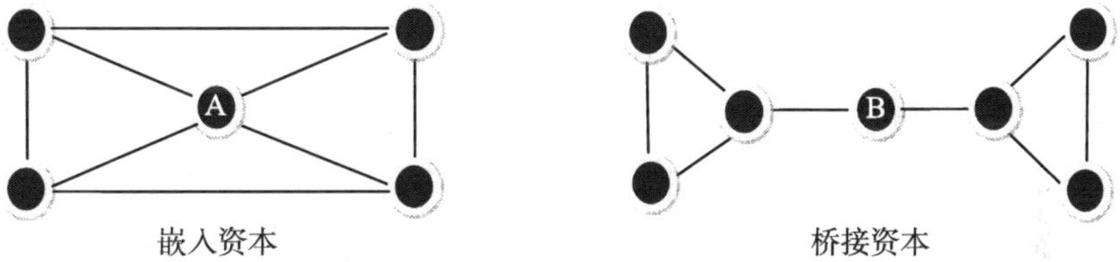

- 创始人A拥有充足的通往网络中其它部分的渠道。
- 创始人A具有较高的嵌入资本，预示着更多地、较为冗余的关系。
- 实施创新需要调动现有资源，这些资源随着嵌入资本的变化而变化。

- 创始人B充当了两个相互分离的团体间的中介角色。
- 创始人B拥有较高的桥接资本，预示着获取多样化的、非冗余的信息的渠道。
- 创造力通常来自于整合通过桥接位置获取的多样化的信息。

图2－4 嵌入资本与桥接资本对比

2.6.3 创新团队社会资本

新产品开发是整合已有知识和创造新知识的过程，需要行动主体拥有、分享、整合和利用各种开发新产品需要的知识（Ahuja et al. , 2003)。已有研究指出知识交换和转移在创新过程中扮演着重要角色，企业或团队可通过获取合作伙伴的知识来获取竞争优势。在共有协同创新网络中，创新团队通过其社会关系网络获取外部新知识，通过自主贡献进行知识的整合和创造，进而共同完成新产品开发活动。创新团队的社会资本代表了团队能从嵌入关系中获取的社会资源和知识的集合（Burt, 1997)，这种嵌入关系体现了一个节点与网络中其他节点相联系的程度。当创新团队与更多其他的团队存在直接的联系（度中心性，degree centrality)、作为不同团队的知识分享渠道（桥中心性，betweenness centrality）或者是能够快速的接近其他团队时（接近中心性，closeness centrality)，这个创新团队的社会资本越高。诸多研究在不同的研究背景下通过这三种不同的网络中心性（network centrality）来反映社会资本，并指出它们可影响协同创新网络的形成以及协同创新绩效，文献梳理如表 2－6 所示。

表 2－6　　文献梳理

文章	研究背景	网络视角	因变量	社会资本			样本
				度中心性	桥中心性	接近中心性	
Powel et al.(1996)	私有协同创新	中观/企业层面	企业规模	+	无	不显著	1990～1994 年超过 1000 家生物技术公司
			上市时间	－(缩短)	无	不显著	
Ahuja (2000a)	私有协同创新	中观/企业层面	创新产出	+	+	无	1981～1991 企业合作数据及 1982～1992 专利数据
Ahuja (2000b)	私有协同创新	中观/企业层面	关系形成	+	无	无	1979～1991 年化工行业 97 个领导企业
Mu et al.(2008)	私有协同创新	中观/组织层面	联盟形成	+	无	无	美国、欧洲和日本 166 个组织数据
Grewal et al.(2006)	私有协同创新	微观/个人层面	技术流行	+	+	无	Sourceforge 网站，10 个团队，77 个开发人员
			商业流行	不显著	＋和－	无	
		中观/团队层面	技术流行	－和＋	+	无	
			商业流行	不显著	不显著	无	
Mallapragada (2012)	共有协同创新	微观/个人层面	研发时间	－(缩短)	－(缩短)	－(缩短)	Sourceforge 网站，1441 个团队，2689 个开发人员
本研究	共有协同创新	中观/团队层面	产品流行	倒"U"形	+	+	Sourceforge 1595 个团队 8186 个开发人员，Freecode 产品流行度数据

资料来源：此表为作者根据已有文献整理而得。

创新团队的社会资本越高，说明此团队更深的嵌入在协同创新网络中，从而具有更大的与网络中其他团队分享知识和发生知识转移的机会（Ronchetto et al. ，1989)，进而对创新绩效产生影响。在私有协同创新网络中，企业/组织的社会资本对其规模、上市时间、创新产出以及联盟形成等均具有显著的正向影响。在共有协同创新网络中，个人层面的社会资本的正向影响则较为稳定，例如有利于产品获得较高的流行度（Grewal et al. ，2006）和缩短新产品上市所需时间（Mallapragada et al. ，2012）等，但创新团队社会资本对于新产品流行的影响具有不一致性，例如创新团队的度中心性对于产品技术流行的影响虽显著但不稳定（Grewal et al. ，2006）。由于高社会资本代表的“优势”网络位置实质上会同时带来知识流入与知识流出，尤其是在共有协同创新网络中，知识流出效应大大增强，可能是导致团队社会资本对创新绩效的影响具有不稳定性的原因。因此，研究二在已有文献的基础上，以共有协同创新网络为背景，通过实证研究检验创新团队社会资本具有的双面性。具体来说，研究二中检验了不同类型的创新团队社会资本（即度中心性、桥中心性和接近中心性）对新产品流行可能具有的差异化影响。由于不同社会资本具有的不同网络特性，其知识分享也具有不同的特征，从而可能对新产品开发产生差异化的影响。

2.6.4 网络结构的起源

关于网络桥接性起源的研究分为以下几个流派。一些学者在个人层面进行研究，发现人口统计特征（Kleinbaum et al. ，2009）、行为倾向——例如自我监测人格（Oh 和 Kilduff，2008；Obstfeld and Ronchi，2007）和组织错配（organizational misfits；Kleinbaum，2012）会影响个人在组织网络中的桥接性。而另一些学者则在团队层面进行了研究。例如，Zaheer 和 Soda（2009）发现，团队当前结构桥接性起源于它们过去在网络中拥有的结构洞的数量。但这些有关网络桥接性起源的研究，多集中在单一层面，如个人属性对于网络桥接性的作用，或者是个体层面网络属性对于个体层面桥接性的影响，而对于跨层级层面的研究则相对较少。

综上所述，开放式创新的关键在于，是否能够获得足够的创新资源，以有效率和有效果地开发出新产品，这也是本书要研究的关键问题。

第3章　研究一：创新资源的获取

——创始人社会资本对创新资源形成的影响机制

3.1　研究目的

开放式创新通过打破企业边界，利用外部资源进行创新，通过充分利用社会盈余资源（如想法、创意以及才智等）来群策群力以形成群体智慧，从而辅助和促进企业的创新活动（Peters and Heraud，2015；Pol and Ville，2009；Mulgan et al.，2007；Mulgan，2006）。不同于封闭式创新依赖从上至下配置和优化内部资源，开放式创新依赖从外到内吸收创新资源。关键是，企业如何才能充分汇集外部创新资源，并利用这些创新资源更好或更有效率地进行创新呢？开放式创新依赖于志愿者的自我选择和自主贡献，企业或项目负责人无法对开放式创新的过程和结果进行直接的控制。创始人社会资本在开放式创新中起到重要作用，原因如下：（1）创始人是创新项目的发起者和灵魂人物，在创新活动中扮演了关键角色；（2）项目发起时，此项目与社区中其他部分的连接主要依赖于创始人的社会网络关系，社会网络关系中所蕴涵的资源就是社会资本（Mallapragada et al.，2012；Lin et al.，2001）。Mallapragada et al.（2012）指出，开放式创新中创始人社会资本是影响创新绩效的关键变量。创始人社会资本越高，产品发布所需要的时间越短。然而，既有文献对创始人社会资本是如何影响创新绩效，也就是它的中间机制，却少有关注。但开放式创新并非依靠个人力量，而是依赖群体盈余资源的社会性活动，人们必须同心协力贡献自己的认知盈余来参与和创造（Shirky，2010）。因此，揭示创始人社会资本如何影响项目团队从社区中获取创新资源进而影响创新绩效的，就显得非常重要。

开源社区中，新产品开发的成功取决于自我选择的志愿者的协同合作和共同努力（Howison and Crowston，2014；Tapscott and Williams，2006）。自组织的创新团队是社区中最基本的功能单位。由于能够贡献有价值知识的志愿者数量以及他们的时间和精力都有限，社区中的创新资源是有限的，使得这些创新团队相互之间存在一定的竞争（Krishnamurthy，2003；Stewart et al.，2006）。资源基础观（RBV）认为，企业是各种资源的集合体，当企业拥有相对于其他企业较为异质并且稀缺的资源时，企业能够获得竞争优势（Barney and Hesterly，2015）。因此，基于社区的创新项目之间需凭借自身的初始资源相互竞争，以从社区中获取较为异质和稀缺的资源。

由于开放式创新依赖外部资源，不需要大量的财务资源投入，且不需要为资源者提供办公地点或接入互联网的设备，因此本研究没有将财务资源和实物资源纳入考虑，而重点关注人力资源和组织资源的获取。基于资源基础观的创新资源框架，本书探讨了创始人社会资本对创新绩效的作用机制。首先，创始人社会资本可能是获取团队创新资源的关键——创始人通过其社会资本影响关系形成，决定创新团队的人力资源（团队规模）；同时影响关系特征（熟人关系和生人关系），从而决定创新团队的组织资源（团队桥接性）。其次，创新团队的规模和结构桥接性决定了其获取的“信息”的特点——团队规模越大，此项目拥有越多技术解决方案信息；创新团队的结构桥接性越高，此项目越可能获取非冗余和异质的需求信息。最后，创新信息的数量和特征决定了创新绩效——方案信息（solution information）是有关技术解决方案的信息，其数量决定了创新效率（目标实现）；需求信息（need information）则是有关用户和市场需求的信息，其独特性决定了创新效果（目标设定）。总之，本章探讨了在开放式创新中，创始人社会资本影响创新绩效的作用机制，并通过实证分析对理论假设进行了验证。具体分两步：（1）创始人社会资本与团队创新资源的获取——探究如何吸引更多的志愿者（人力资源）以及如何吸引不同背景的志愿者，以提升创新团队在网络中的结构桥接性（组织资源）；（2）团队创新资源的利用与开放式创新绩效——探究团队创新资源带来的创新信息（方案信息和需求信息）如何影响创新效率和创新效果。

3.2 理论推演和假设提出

3.2.1 创始人社会资本与团队创新资源的获取

互联网使得全球分布和零星可用的志愿者远距离协同合作进行复杂的创新活动（Howison and Crowston，2014）。开放式创新团队的组建依靠参与者的自主选择（von Hippel and von Krogh，2003），如何才能吸引志愿者加入呢？已有研究指出，志愿者决策时，除了考虑使用价值（Hertel et al.，2003，Roberts et al.，2006）、兴趣和收获（Hars and Ou，2002）之外，也会考虑加入后的创新过程和结果。然而，这种基于开放社区的创新模式与各种风险相关联，导致志愿者参与 OSS 创新项目决策具备相当大的不确定性。当志愿者评估一个项目团队，这个项目团队的任何成员他都未与之有过合作时，这种不确定性将进一步加剧。不确定因素有两个主要来源：首先，开放式创新基于虚拟互联网，参与者之间无法进行面对面的交流和接触，对判断合作者能力和评估项目结果造成了一定的困难（Guimerà et al.，2005，Uzzi et al.，2007）。志愿者难以获得潜在合作者的能力信息，了解该创新项目及其成员能力的潜在志愿者更有可能选择加入该项目。但关键是，创新项目及其成员能力的准确信息在虚拟互联网背景下较难获得和评估，尤其是在项目刚刚启动时。第二，潜在合作者的可靠性是不确定的，而这种行为不确定性是所有基于自愿的合作模式下所固有的，因为志愿者无法保证彼此未来的可用性或工作计划。

为了应对这些不确定性，志愿者必须依靠其他线索来评估创新项目的潜在能力和可靠性。按照这一推理原则，至少有两个方面原因可以为具有较高社会资本的创始人更有可能加入该创新项目提供依据——信任（trust）和知晓度（awareness）。首先，当创始人参与了越多的项目时，其嵌入资本越高。创始人的嵌入资本提供了足够的与其他项目之间的关联（Grewal et al.，2006；Ronchetto et al.，1989）。创始人的高度嵌入意味着广泛的直接合作。因此，可从社会线索和地位线索两个方面影响志愿者选择（Hahn et al.，2008）：包括凝聚力（cohesion）和地位（status）（Hahn et al.，2008）。从社会线索角度来看，创始人嵌入资本越高，意味着此创始人通过结构嵌入与网络中更多的志愿者产生了关联。研究表明人们倾向于与熟人合作（Mc Clelland et al.，1953；Schachter，1959），并且极有可能在未来重复这种合作关系（Kogut，1989；Uzzi and Spiro，2005）。从地位线索角度来看，具有高嵌入资本的创始人通常在网络中扮演着中心角色（hub）（如意见领袖等）（黄敏学等，2015；Swaminathan and Moorman，2009），这种中心位置具有一定的象征价值，预示着此创始人的名誉、声望、地位和知名度等。研究表明，人们更喜欢与那些他们认为较为成功的人合作，因为这样更有可能看到自身付出的最终成果。总之，社会线索（凝聚、重复合作偏好）和地位线索（与经验丰富、成熟的创始人合作的偏好）增加了志愿者对该项目的信任，从而减少了不确定性（Gulati，1999）。其次，创始人桥接资本提供了通向网络中其他相互隔离部分的信息渠道（Grewal et al.，2006，Ronchetto et al.，1989），体现了连接网络中不同部分的能力，并由此获得中介权利（Burt，2004；2005）。高桥接资本创始人不一定和较多的志愿者存在直接联系，但能够通过桥接嵌入使原本相对隔离（无交流和联系）的团体产生联系，成为其他团队之间信息交换的渠道，从而通过间接联系或弱关系传播项目相关信息。间接联系可以帮助项目相关信息传播更为广阔的网络中，并可能被更多的志愿者接收、获得并纳入考虑范畴。总之，创始人桥接资本扩大了潜在可能加入的志愿者基数，从而扩大了团队规模，最后，当创始人通过其直接的社会网络关系累积了初始成员后，这些成员的社会资本也能对吸引后续志愿者产生正向影响（Hahn et al.，2008），从而进一步扩大团队规模，获取更多的团队创新资源。

综上所述，根据创始人社会资本的两个维度提出假设 H_{1a}和假设 H_{1b}：

H_{1a}：创始人嵌入资本越高，创新团队的规模越大，汇集的人力资源越多。

H_{1b}：创始人桥接资本越高，创新团队的规模越大，汇集的人力资源越多。

除汇集足够的人力资源外，组织资源也是影响项目团队获得竞争优势的关键资源。人力资源的汇集是关系形成的过程，而组织资源则与团队结构密切相关，因为网络结构可以反映关系的特征，包括熟人关系和生人关系。熟人关系主要是同质信息来源，生人关系则是异质信息的来源（Granovetter，1973）。若一个开放式创新项目能够吸引更多的生人关系，那么它获取的团队创新资源的异质性越高。那么在这种背景下，如何才能吸引不同背景的志愿者加入呢？

结构桥接性（brokerage）是在社会网络研究中被广泛使用的网络结构变量

（Zaheer and Bell，2005；Burt，2004，1997；Ahuja，2000；Hargadon and Sutton，1997）。当行动者（actor）为另外两个行动者提供了唯一的连接通道时，这个行动者的结构桥接性越强。结构桥接性的价值来源于非冗余（nonredundancy）的关系，例如生人关系或是未曾合作过的新关系。关系形成过程中，关系的非冗余性越高，其网络结构的桥接性越强（Lee，2010）。

开放式创新基于虚拟互联网，志愿者选择项目时的风险和不确定性更高。尤其是与那些未曾合作过或在网络距离较远的人（具有较强的异质性）形成关系可能会需要花费更多的沟通时间和精力，面临更大的不确定性（例如项目是否能够顺利完成，创新结果的价值性等）。创始人社会资本可以通过以下两种途径影响那些未曾合作过或在网络结构上距离较远的人加入此团队：（1）作为潜在质量象征降低不确定性；（2）作为信号提升可见性。

当创始人社会资本作为潜在质量象征时，可作为其创新项目质量的保证。高社会资本创始人更有可能获得较好的创新结果，不确定较小。在其他条件相同的情况下，高社会资本创始人能够比低社会资本创始人吸引更多的生人加入。当创始人社会资本作为信号时，创始人社会资本越高意味着此创始人或者他所发起的创新项目在网络中的可见性（visibility）越高，从而提升与新志愿者建立关系的可能性。总之，创始人社会资本可通过作为创新项目潜在的质量象征降低参与创新的不确定性，以及作为信号提升其可见性，来影响新志愿者的参与决策，新关系的形成有助于提升行动者网络结构的桥接性（Lee，2010）。综合以上分析，本作者提出假设 H_{2a}和假设 H_{2b}：

H_{2a}：创始人嵌入资本越高，创新团队的结构桥接性越强，汇集的组织资源越多。

H_{2b}：创始人桥接资本越高，创新团队的结构桥接性越强，汇集的组织资源越多。

3.2.2 团队创新资源的利用与创新绩效

当创始人通过其社会资本获得有价值的人力资源和组织资源后，如何利用这些盈余资源提升创新绩效呢？已有研究指出，创新效率属于解决问题过程（problem solving process），取决于主体掌握的技术解决方案，是客观方法；创新效果属于需求识别过程（request identifying process），取决于主体对用户需求的把握，是主观判断（Diener and Piller，2010）。在创新过程中，行动主体会面临技术不确定性和需求不确定性（Thomke，2003），从而极大地影响创新绩效。为了降低不确定性，创新主体需通过获取和传递各种创新信息，包括方案信息和需求信息（Ogawa，1998；von Hippel，1998）。方案信息是有关技术解决方法的信息，在解决问题过程中可帮助团队直接有效地解决问题，获取方案信息有利于提高创新效率；需求信息是有关用户和市场需求的信息（如偏好、需求、满意和动机等），在需求识别过程中获取非冗余的需求信息有利于提高创新效果。因此，作者基于需求信息和方案信息视角，在两种创新过程中分析团队创新资源带来的创新信息对创新效率和效果的影响。

开放式创新依赖于群体协同和团队创新资源的整合，是自组织式的创新活动。在解决问题过程中，无法对志愿者进行直接的控制和激励。创新效率可从以下两个方面进行分析：项目吸收的团队创新资源中方案信息数量以及志愿者的参与动机。

方案信息。每个自愿者都有他掌握的知识和技能，团队拥有的方案信息数量就是所有团队成员信息和技能的总和。团队规模越大，方案信息库越大。此团队越能快速解决项目面临的技术难题，找到解决思路，从而提高创新效率。

参与动机。志愿者贡献盈余资源时，实际所花时间较少（平均耗时小于一周），选择的工作也是只需付出举手之劳即可完成的部分。对较难完成的任务，则会影响其参与动机，最终选择放弃或搁置（Howison and Crowston，2014）。在参与社会化活动（如捐赠）时，如果付出成本不高，同时又能看到自己微小付出可给他人带来更大的帮助时，会显著强化参与动机。总之，志愿者参与开放式创新的动机受到两个方面影响：一是能明确感知个人贡献对项目有显著帮助（结果显著原则）；二是只需稍加努力即可（付出轻松原则）。团队规模越大时，成员可根据自己的时间和能力选择完成小的任务，不用付出太多时间和精力；同时通过每个人的小贡献组合实现大的功能，提升看到成果的可能性。获得成果后，志愿者收获的满足感也会进一步强化参与动机，从而愿意贡献更多的盈余资源，实现参与动机的涡轮迭代效应。

总之，团队规模可通过扩大方案信息库和强化参与动机提升创新效率，因此提出假设 H_{3a}：

H_{3a}：创新团队的规模越大，创新效率越高。

创新团队的结构桥接性越高，说明在汇集团队创新资源的过程中获得了越多的新关系，团队创新资源的异质性更高。但异质性的提升会从以下两个方面降低创新效率：沟通成本和信息粘性（information stickiness）。

沟通成本。成员之间相互的熟悉程度能够减少冲突和争执，避免因结果不满意导致需要付出额外的成本来重复此活动（Lee，2010）。创新团队的结构桥接性越高，说明此团队包含的未曾合作过或在网络距离上较远的人越多，意味着这些成员之间的熟悉程度较低，异质性较高，这些人之间的沟通和交流需要花费更多的时间和精力（Lee，2010），从而降低创新效率。

信息粘性。团队结构桥接性越高时，创新团队主要通过从网络中不同的群体获取多样化和非冗余的信息。但信息具有粘性，粘着信息具有一定的获取、转移和使用成本（Von Hippel，1994）。当解决问题所需的方案信息需从不同的群体中获取时，利用这些信息解决创新过程中技术问题的成本将非常高。因此若创新团队的结构桥接性越强，通过方案信息解决技术问题的时间成本越高，从而降低创新效率。总之，创新团队的结构桥接性体现了获取的团队创新资源的异质性，会通过增加沟通成本和信息粘性降低创新效率。因此，提出假设 H_{3b}：

H_{3b}：创新团队的结构桥接性越高，创新效率越低。

创新效果是取决于创新主体对用户需求的主观判断，且效果好坏由用户反映。如在开源软件领域，创新效果取决于用户的关注和下载使用。在需求识别过程中，若要保证开放式创新的效果，需要满足以下两点：（1）与众不同，可满足其他产品不能满足的需求；（2）成员间可达成目标的共识。

不同于商业化创新中的目的性和控制性，开放式创新项目中志愿者是自由合作关系，具有平等（egalitarian）、好辩（argumentative）、缺乏计划性（unplanned）以及混乱（chaotic）等特点。随着团队规模的扩大，团队成员对于需求信息的理解会更为多样，导致团队内部出现分歧（splintering）和派别（balkanization）的可能性越大（DiBona et al.，1999；Lerner and Tirole，2001；Kogut and Metiu，2001；Lee and Cole，2003；von Hippel and von Krogh，2003），使得创新团队对需求信息的把握更为分散和困难，反而影响创新效果。由此提出假设 H_{4a}：

H_{4a}：创新团队的规模越大，创新效果越差。

团队的结构桥接性越强（用 Burt 的概念来说，即在网络中占据了更多的结构洞），意味着创新团队成为更多相互分离群体的连接者，更可能接触到非冗余的信息（Granovetter，1973）。开放式创新中，若创新团队能够获取更多独特的和异质化的需求信息，这个团队产生不一样想法的可能性越大（Burt，2004），越可能获得更多选择和创造新组合的机会，满足用户的独特需求，从而提升创新效果。因此，提出假设 H_{4b}：

H_{4b}：创新团队的结构桥接性越高，创新效果越好。

3.2.3　规模和结构桥接性的交互作用

在社会网络研究中，Burt（2004）指出结构桥接性的降低可以有助于形成更大规模和更为紧密的网络。因此，创新团队可能需要放弃团队规模追求在网络中占据桥接性较高的位置。在开放式创新背景中，这种权衡是指创新团队需要扩大团队规模以获得较高的创新效率或是提高团队结构桥接性以获得较好的创新效果（Fleming et al.，2007）。由于结构桥接性有助于团队获取更为异质和多样化的需求信息，设定更好的目标，随着团队规模的扩大，掌握更多的方案信息有利于需求信息更快更好的实现，更快的实现目标，因此，作者提出以下假设 H_5：

H_5：创新团队的规模和结构桥接性对创新绩效的影响具有相互正向强化作用。

3.3　研究设计

3.3.1　研究对象

本书采用滚雪球法选取研究样本（Wasserman and Faust，1999；Mallapragada et al.，2012）以保证获得较为完整的网络，具体步骤如下：首先列出在 SourceForge 网站上于 2008 年 4 月前 10 天内注册的 622 个新产品开发项目和参与了这些项目开发的 931 个志愿者，接着列出这些志愿者参与的所有 1457 个项目（志愿者们可自由选择参与多个新产品开发项目），新增 835 个项目。然后，列出所有参与了这835个项目的额外的1644个志愿者，并列出这1644个志愿者参与的额外的1500个新项目，最后根据这1500个项目找出6829个新志愿者，至此三轮滚雪球步骤完成。最终，在2008年4月（即项目创始之初）我们获得了包含2957个项目和9930个志愿者组成的合作网络。尽管这个网络仍非绝对的全网络，但一般认为三轮滚雪球后即可获得较为完整的社会网络关系。为了控制起始时间不同造成的偏差，我们仍以最初的622个项目作为研究样本，以三轮滚雪球获得的2957个项目和9930个志愿者组成的网络作为计算社会资本的背景网络，最后通过识别这622个项目中的管理人员获得创始人社会资本数据。

为了获得这些项目在发展一段时间后项目团队获取创新资源的情况，包括团队规模（人力资源）和团队网络桥接性（组织资源）数据，同样通过三轮滚雪球构建了这622个项目在2009年4月时（即项目发展1年后）的合作网络，最终获得由3081个项目和10500个志愿者组成的合作创新网络。

3.3.2 变量测量

在选取样本并获得基础数据后，需进一步计算社会资本及团队结构桥接性。SourceForge上包含了新产品开发项目与志愿者的从属关系（谁参与了哪个项目）以及志愿者在特定项目中所扮演的角色（此志愿者是否管理员）的数据。根据社会网络分析方法，将新产品开发项目与志愿者的从属关系数据转化为一个从属关系矩阵（志愿者为行，项目为列，若志愿者参与了此项目则数值为1，否则为0），便可以得到含有两种异质节点（项目和人）的二模网络，这个网络刻画了志愿者与项目的归属关系。创始人社会资本是个人层面变量，而团队结构桥接性是团队层面变量，因此需将这两个不同时间段上的二模网络分别投射为只含一类节点的一模网络。首先，需计算在2008年4月时创始人社会资本，因此投射为只含有志愿者节点（个人层面）的一模网络，这个过程实际上将项目作为了志愿者间产生边的条件，若两个志愿者共同参与了某项目，则认为这两个志愿者之间存在直接的合作关系。对于2009年4月的网络，需计算团队结构桥接性，因此投射为只含有一类项目节点（团队层面）的一模网络，这个过程则是将共同志愿者作为了不同项目间产生边的条件。若团队间有共同志愿者，则产生一条边。最后，调用R软件中igraph包分别计算出创始人社会资本和团队结构桥接性数据。

创始人社会资本 社会资本包括嵌入资本和桥接资本。（1）嵌入资本：不同背景下，学者们采用不同方法测量嵌入资本，最常用的是度中心（degree centrality）、桥中心（betweenness centrality）和接近中心（closeness centrality）。本书同时运用以上三种（Mallapragada et al.，2012）：度中心衡量了通过参与相同项目与创始人建立关系的志愿者数量；桥中心指创始人出现在其他任意两个志愿者最短路径上的次数；接近中心是创始人与其他所有志愿者距离之和的倒数。最后通过调用 R 软件 igraph 包中的 degree（）、betweenness（）和 closeness（）函数进行计算。（2）桥接资本：运用 Burt（1992）提出的"结构约束（constraint）"的反向计算（创始人受到的约束越大则桥接资本越低），即用 1 减去"结构约束"（Fleming and Waguespack，2007；Mallapragada et al.，2012），结构约束可通过调用 R 软件中 igraph 包的 constraint（）函数计算。当有联合创始人时，取其累加值。

团队创新资源 （1）人力资源：通过团队规模进行测量，指某创新项目在发展一年后吸引的志愿者数量，数量越多则团队规模越大。（2）组织资源：通过团队结构桥接性进行测量，测量与个人层面桥接资本的原理一致，即用 1 减去团队结构约束。

创新效率 通过所有成员于 2009 年 4 月到 6 月两个月内向并发管理系统（Concurrent Version System，CVS）提交代码的总次数进行测量。相同时间段内提交代码的次数越多，效率越高。CVS 提交与商业开发环境中的完全修改请求（completed modification requests，MRs）类似，当一个志愿者上传新的或修改的代码时，便提交了一次 CVS。开源背景中，团队向 CVS 提交代码次数被视为生产力的体现（productivity；Midha and Palvia，2012；Grewal et al.，2006；Mockus et al.，2002），因软件产品创新的主要任务是代码的创造与修改工作，因此在相同时间内提交 CVS 的总数可作为衡量创新效率的体现。

创新效果 通过产品在 2009 年 4 月到 6 月两个月内被用户下载的次数计算。下载次数越多，体现了越多的用户关注，因此作为创新效果的体现。

控制变量 工具多样性是指进行产品开发可使用的编程语言的数量；通用性是指产品能支持的操作系统的数量；授权类型衡量的是对产品源代码的控制程度，包括通用公共许可（GPL）和限制较少的有限通用公共许可（LGPL）等，平台上绝大部分的开源项目均采用了公共许可，因此将次变量划分为一个二分变量，采用 GPL 则为 1，否则为 0（Mallapragada et al.，2012）。

3.4 实证分析

3.4.1 描述性统计

各变量的均值、标准差和两两间相关系数见表 3-1。由表 3-1 可知，团队规模和创新效率、结构桥接性和创新效果之间具有正向且统计上显著的相关关系。创始人社会资本的三个维度水平两两之间也存在正向且显著的相关关系，说明嵌入资本和桥接资本之间存在一定的相互作用。因此检验模型是否存在多重共线性的问题，结果显示，方差膨胀因子（VIF）的最大值为 3.556，最小值为 1.019，说明不存在此问题。

表 3-1　相关变量描述性统计及相关性矩阵（n=622）

变量		相关系数										
		变量										
		1	2	3	4	5	6	7	8	9	10	11
1	创始人度中心度	1										
2	创始人桥中心度	0.385**	1									
3	创始人接近中心度	0.458**	0.404**	1								
4	创始人桥接资本	0.356**	0.206**	0.343**	1							
5	团队规模	0.155**	0.075	0.258**	0.196**	1						
6	团队结构	0.398**	0.254**	0.491**	0.314**	0.387**	1					
7	工具多样性	-0.047	-0.029	0.063	-0.045	0.016	0.032	1				
8	通用性	-0.057	-0.040	0.002	-0.022	0.019	0.019	-0.010	1			
9	授权类型	-0.002	-0.019	0.037	-0.212**	-0.004	0.038	-0.019	0.030	1		
10	创新效率	0.048	-0.009	0.009	0.074	0.346**	-0.011	-0.010	-0.023	0.034	1	
11	创新效果	-0.001	-0.002	-0.013	0.002	-0.009	0.159**	-0.016	-0.025	0.016	0.010	1
	均值	7.07	25838	1.5E-08	-0.003	1.492	0.067	0.280	0.859	0.707	0.318	642
	标准差	32.77	339208	1.7E-08	0.575	1.397	0.184	0.690	1.467	0.739	40.55	14709

**. 在 0.01 水平（双侧）上显著相关。

3.4.2 模型估计

本研究建立了“创始人社会资本—创新绩效”研究模型。由于变量不符合正态分布，根据 Bagozzi 和 Yi（1994）的建议，作者采用无分布要求假设（distribution - free）的偏最小二乘法结构方程模型（partial least squares structural equation modeling）来估计模型系数，并通过非参数 bootstrapping 过程（5000 次重抽样）估计系数 t 值获得其显著性。本研究采用 SmartPLS 2. 3 软件来执行此分析。模型路径分析的结果见下表 3 - 2。

表 3 - 2　　　　路径分析结果（n = 622）

假设		路径	结构路径估计（Est.）	Bootstrap T 值	p 值	结论
H_{1a}	创始人嵌入资本→团队规模	FDC→TS	0. 103	4. 392	<0. 01	部分支持
		FBC→TS	-0. 008	1. 515	0. 13	
		FCC→TS	0. 159	5. 316	<0. 01	
H_{1b}	创始人桥接资本→团队规模	FSH→TS	0. 115	2. 722	<0. 01	支持
H_{2a}	创始人嵌入资本→结构桥接性	FDC→TSH	0. 225	4. 75	<0. 01	支持
		FBC→TSH	0. 167	5. 344	<0. 01	
		FCC→TSH	0. 146	3. 491	<0. 01	
H_{2b}	创始人桥接资本→结构桥接性	FSH→TSH	0. 154	4. 084	<0. 01	支持
H_{3a}	创新团队→创新效率	TS→EFI	0. 183	3. 708	<0. 01	支持
H_{3b}		TSH→EFI	-0. 417	6. 138	<0. 01	支持
H_{4a}	创新团队→创新效率	TS→EFC	-0. 827	7. 698	<0. 01	支持
H_{4b}		TSH→EFC	0. 185	4. 345	<0. 01	支持
H_5	团队规模与结构桥接性的交互作用	TS × TSH→EFI	0. 871	8. 085	<0. 01	支持
		TS × TSH→EFC	1. 528	7. 82	<0. 01	支持
	创始人社会资本→创新效率中介作用	FSC→TS/TSH→EFI	------ 见表 3 - 3 ------ 部分支持			
	创始人社会资本→创新效果中介作用	FSC→TS/TSH→EFC	------ 见表 3 - 4 ------ 部分支持			

续表

假设		路径	结构路径估计（Est.）	Bootstrap T值	p值	结论
	创始人社会资本→创新效率	FDC→EFI	-0.099	4.025	<0.01	
		FBC→EFI	-0.005	0.55	0.58	
		FCC→EFI	0.005	0.283	0.78	
		FSH→EFI	0.054	1.694	0.09	
	创始人社会资本→创新效果	FDC→EFC	-0.102	4.85	<0.01	
		FBC→EFC	0.027	3.378	<0.01	
		FCC→EFC	0.066	2.255	<0.05	
		FSH→EFC	0.048	2.282	<0.05	
	控制变量→创新效率	PL→EFI	-0.038	2.848	<0.01	
		OS→EFI	0.033	0.497	0.62	
		LIC - > EFI	0.046	3.487	<0.01	
	控制变量→创新效果	PL→EFC	0.043	3.908	<0.01	
		OS→EFC	-0.022	0.897	0.37	
		LIC - > EFC	0.015	2.03	<0.05	

注：FDC = 创始人度中心；FBC = 创始人桥中心；FCC = 创始人接近中心；FSH = 创始人桥接资本；TS = 团队规模；TSH = 结构桥接性；EFI = 创新效率；EFC = 创新效果；OS = 通用性；PL = 工具多样性；LIC = 软件授权；FSC = 创始人社会资本。

结果表明，在创始人嵌入资本对中介变量团队规模和结构桥接性的影响中，创始人度中心对团队规模（$\beta = 0.103$，$p < 0.01$）和结构桥接性（$\beta = 0.225$，$p < 0.01$）均有显著正向影响；创始人桥中心对团队规模的影响不显著（$\beta = -0.008$，$p > 0.05$），但对结构桥接性具有显著的正向影响（$\beta = 0.167$，$p < 0.01$）；创始人接近中心对团队规模具有显著的负向影响（$\beta = -0.159$，$p < 0.05$），但对结构桥接性具有显著的正向影响（$\beta = 0.146$，$p < 0.01$）。说明创始人不同的嵌入方式对盈余资源汇集的影响存在差异，假设 H_{1a}得到部分支持；创始人嵌入资本有利于项目吸收的盈余资源的结构桥接性，假设 H_{2a}得到支持；在创始人桥接资本对中介变量团队规模和结构桥接性的影响中，创始人桥接资本对团队规模（$\beta = 0.115$，$p < 0.01$）和结构桥接性（$\beta = 0.154$，$p < 0.01$）均有显著的正向影响，假设 H_{1b}和假设 H_{2b}得到支持。

在团队创新资源的团队规模和结构桥接性对创新效率的影响中，团队规模可显著提升创新效率（$\beta = 0.183$，$p < 0.05$）；相反，结构桥接性会显著降低创新效率（$\beta = -0.417$，$p < 0.01$），假设 H_3 得到支持。在对创新效果的影响中，团队规模会显著降低创新效率（$\beta = -0.827$，$p < 0.05$），相反，结构桥接性却能显著提高创新效果（$\beta = 0.185$，$p < 0.05$），假设 H_4 得到支持。创始人社会资本、团队创新资源、团队规模、结构桥接性与创新绩效的路径图如图3－1所示。

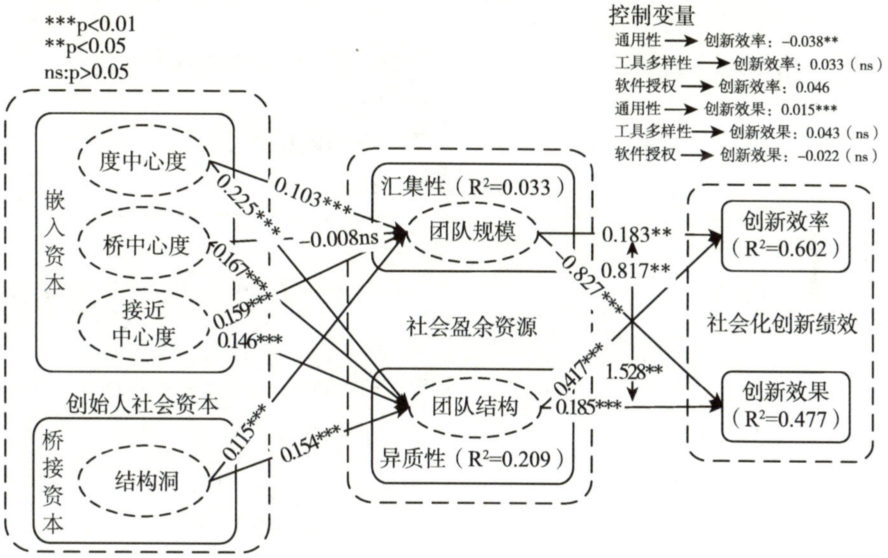

图3－1　创始人社会资本、团队创新资源与创新绩效的路径

模型中进一步检验了团队创新资源、团队规模和结构桥接性的交互作用，可以看到结构桥接性可正向强化团队规模对创新效率的影响（$\beta = 0.817$，$p < 0.05$），而团队规模也能正向强化结构桥接性对创新效果的影响（$\beta = 0.185$，$p < 0.01$），假设 H_5 得到支持。团队规模和结构桥接性对创新绩效影响的交互作用图如图3－2所示。

最后，采用 Baron 和 Kenny（1986）建议的方法检验盈余资源的团队规模和结构桥接性的中介作用。团队规模和结构桥接性对创新效率的中介效应分析结果见表3－3，对创新效果的中介效应分析结果见表3－4。当路径a和路径b被控制时，若路径c的系数变小（例如：列2中路径c的系数小于列1中路径c的系数），预示此变量可能起着部分中介或完全中介作用；若路径c的系数变得不显著并且近似为0，说明是完全中介。

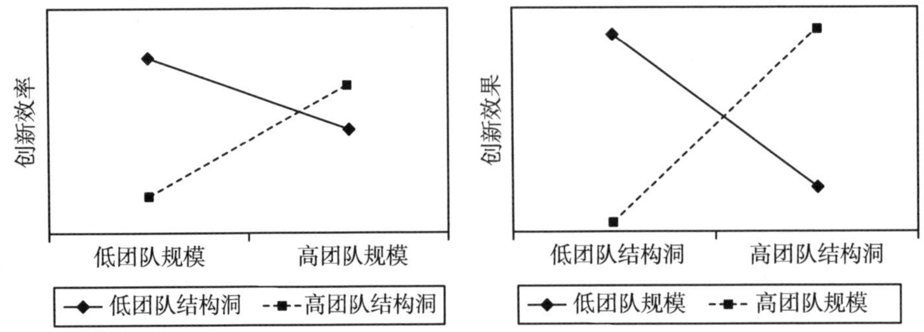

图 3－2　团队规模和结构桥接性对创新绩效影响的交互作用

表 3－3　创始人社会资本对创新效率影响中团队规模和结构桥接性的中介效应

	IV：度中心		IV：桥中心		IV：接近中心		IV：桥接资本	
MV：团队规模								
	1	2	1	2	1	2	1	2
路径 A	－0.004	0.103*	－0.017	－0.008	0.116*	－0.159*	0.104*	0.115*
路径 B	0.110*	0.183*	0.110*	0.183*	0.110*	0.183*	0.110*	0.183*
路径 C	0.001	－0.099*	－0.020*	－0.005	－0.114*	0.005	0.172*	0.054
	无中介作用		完全中介作用		完全中介作用		完全中介作用	
MV：结构桥接性								
	IV：度中心		IV：桥中心		IV：接近中心		IV：桥接资本	
	1	2	1	2	1	2	1	2
路径 A	0.176*	0.225*	0.051	0.167*	0.263*	0.146*	0.127*	0.154*
路径 B	－0.258*	－0.471*	－0.258*	－0.471*	－0.258*	－0.471*	－0.258*	－0.471*
路径 C	0.001	－0.099*	－0.020*	－0.005	－0.114*	0.005	0.172*	0.054
	无中介作用		完全中介作用		完全中介作用		完全中介作用	

注：（1）$*p<0.05$。

（2）路径 A：IV→MV；路径 B：MV→创新效率；路径 C：IV→创新效率。

（3）列 1 是路径 a，b 和 c 分别进入模型时 IV 的路径系数；列 2 是所有路径同时进入模型时的 IV 的路径系数（例：路径 a，b 和 c）。

（4）若路径 c 在列 1 中显著而在列 2 中不显著，则 MV 在 IV 对创新效率的影响中起到完全中介作用；若路径 c 在列 1，2 中都显著，且在列 1 里的值大于列 2，则起到部分中介作用。

由表 3－3 可知，团队规模和结构桥接性在创始人桥接资本对创新效率的影响中的完全中介作用。在创始人嵌入资本对创新效率的影响中起到完全中介作用（部分支持），取决于对于嵌入资本测量方法的不同：团队规模和结构桥接性在桥中心嵌入资本和接近中心嵌入资本对创新效率的影响中起到完全中介作用，而在度中心嵌入资本对创新效率的影响中并未起到中介作用。

表3－4 创始人社会资本对创新效果影响中团队规模和结构桥接性的中介效应

中介：团队规模								
	IV：FD		IV：FB		IV：FC		IV：FSH	
	1	2	1	2	1	2	1	2
路径A	－0.004	0.103*	－0.017	－0.008	0.116*	－0.159*	0.104*	0.115*
路径B	－0.727*	－0.827*	－0.727*	－0.827*	－0.727*	－0.827*	－0.727*	－0.827*
路径C	－0.034*	－0.102*	－0.002	0.027*	－0.080*	0.066*	0.092*	0.048*
	部分中介作用		无中介作用		无中介作用		部分中介作用	
中介：结构桥接性								
	IV：FD		IV：FB		IV：FC		IV：FSH	
	1	2	1	2	1	2	1	2
路径A	0.176*	0.225*	0.051	0.167*	0.263*	0.146*	0.127*	0.154*
路径B	0.065*	0.185*	0.065*	0.185*	0.065*	0.185*	0.065*	0.185*
路径C	－0.034*	－0.102*	－0.002	0.027*	－0.080*	0.066*	0.092*	0.048*
	部分中介作用		无中介作用		无中介作用		部分中介作用	

注：（1）$*p<0.05$。

（2）路径A：IV→MV；路径B：MV→创新效率；路径C：IV→创新效果。

（3）列1是路径a，b和c分别进入模型时IV的路径系数；列2是所有路径同时进入模型时的IV的路径系数（例：路径a，b和c）。

（4）若路径c在列1中显著而在列2中不显著，则MV在IV对创新效果的影响中起到完全中介作用；若路径c在列1，2中都显著，且在列1里的值大于列2，则起到部分中介作用。

根据表3－4中的结果可知，团队规模和结构桥接性在创始人桥接资本对创新效果的影响中起着部分中介作用。在创始人嵌入资本对创新效率的影响中具有一定的部分中介作用（部分支持），在度中心嵌入资本对创新效果的影响中具有部分中介作用，而在桥中心嵌入资本和接近中心嵌入资本对创新效果的影响中并未起到中介作用。

3.5 结果讨论

首先本书深化了对开放式创新及团队创新资源的理解。不同于商业化创新，开放式创新通过吸收团队创新资源进行创新，团队创新资源是由知识人群的自由时间累积而产生的盈余资源总和，具有参与动机社会化、团队组建自我选择化以及管理方式扁平自治化等特点。通过实证研究发现，团队创新资源的团队规模可提升创新效率（开发更新更快），因为团队规模体现了项目拥有的方案信息数量；而结构桥接性有利于提升创新效果（更受用户欢迎），因为结构桥接性决定了项目能获取非冗余和独特需求信息的可能性。相反，由于开放式创新具有平等、好辩、缺乏计划性以及混乱等特点，研究发现汇集的人越多，会越不利于创新效果，因为内部对需求信息的理解出现分歧的可能性越大；结构桥接性会降低创新效率，因为会增加沟通成本和信息粘性。此外，研究还发现，团队创新资源的团队规模和结构桥接性之间具有相互正向强化作用。

其次，丰富了对社会资本的认识。已有研究指出在开放式创新背景下，创始人社会资本对于创新绩效具有显著的影响，但对中间机制研究较少。作者通过实证研究发现，创始人社会资本是通过影响此项目团队创新资源来影响创新绩效。创始人社会资本是决定团队的创新资源团队规模和结构桥接性的关键：(1) 作为社会线索和地位线索影响关系形成（志愿者决定是否加入此项目），从而决定创新团队的人力资源（即团队规模）；(2) 作为潜在的质量象征以降低不确定性，以及作为信号提升可见性，来影响未曾合作过的新志愿者的参与决策，从而决定创新团队的组织资源（即团队结构桥接性）。此外，研究还发现在创始人社会资本对创新效率的影响中，团队规模和结构桥接性起到完全中介作用。而在创始人社会资本对创新效果的影响中，则起到部分中介作用。这说明创始人社会资本可直接影响创新效果存在，但对创新效率的影响主要依赖团队整体起作用。

最后，本书对团队层面结构桥接性形成的前因具有一定贡献。研究结果发现，创始人个人层面的特征会影响它所组建的团队的结构，即创始人社会资本不仅会影响团队规模，还会影响团队成员的组成。创始人社会资本可通过作为创新项目潜在的质量象征而降低参与创新的不确定性，以及作为信号提升其可见性，来影响未曾合作过或是生人的新的志愿者的参与决策，这些新关系的形成有助于提升创新团队的结构桥接性，进而影响创新绩效。

对于任何一个企业来说，仅靠内部封闭式创新已很难满足整体的创新需求，如何利用外部团队和社会资源孵化创新项目就显得尤其重要。越来越多企业已经开始着手成立早期项目的孵化器，但作为不可控的团队创新资源，企业应如何吸收团队创新资源以开展开放式创新呢？以下提供了一定的思路：

第一，虽然我们无法对开放式创新的过程和结果进行直接的组织和控制，企业还是可以通过观察其初始资源来影响和对接开放式创新项目。研究发现创始人对于开放式创新项目的创新绩效确实存在显著的影响，企业可通过识别项目中的创始人以及观察其社会资本来对创新项目未来的发展进行预测。对已存在的创新项目，企业可通过研究的结论及时对接潜力项目。关键是，企业需在创新效率效果中进行权衡。研究还发现团队创新资源的团队规模会通过增加方案信息数量提升创新效率，同时也会分散对需求信息的理解而不利于创新效果；结构桥接性则相反，会通过获取更独特和异质的需求信息提升创新效果，但也会因为沟通成本和信息粘性的增加而降低创新效率。若企业比较注重创新效率，可选取那些团队规模较大、志愿者较多的创新团队；若企业比较关注创新效果，则需接洽那些结构桥接性较高的团队。

第二，对还未发起的创新项目，企业可尽早地与开放式创新网络中较为活跃的参与者建立信任和联系，通过选取这些具有高社会资本的志愿者来发起企业需要的开放式创新项目，引导项目的大致方向。然后利用此创始人的社会资本影响团队创新资源的汇集和构成，帮助企业开展开放式创新。

第三，企业需通过积极和持续的参与打造属于自己的开放式创新生态圈。已有研究发现，这种自主协同式的创新模式需要时间来发展（Howison and Crowston，2014），本书的研究结果也发现，在项目创立一年后，创新团队规模的均值仅为1.492人，说明开放式创新的发展还是较为缓慢。因此若企业如果想要利用团队创新资源进行创新，就需要有耐心进行积极和持续的投入，来发展和打造开放式创新生态圈。

第 4 章　研究二：创新资源的利用

——创新团队结构和特性对创新绩效的影响

4.1　研究目的

企业创新活动开始呈现网络化发展趋势，单独的创新活动已很难满足纷繁复杂的消费者需求。越来越多企业试图与外部建立联系以获取创新资源，例如与企业、科研机构及用户等达成协同创新关系（解学梅和徐茂元，2014；Palmatier，Dant，and Grewa，2007；Ganesan，1994）。研究发现，社会资本（social capital）有利于提升协同创新绩效，例如选择更好的合作伙伴（Swaminathan and Moorman，2009）、具备更大影响力（Ibarra，1993）及企业间知识转移（韦影和王昀，2015）等。这些研究主要将社会资本作为获取外部知识的渠道（Rindfleisch and Moorman，2001），隐含假设是社会资本具有知识流入效应，而知识分享是相互的，社会资本实质上也为合作伙伴获取自身知识提供了渠道，即知识流出效应（Méndez－Durón and Garcí，2009），这就是社会资本的双面性。

传统环境下，协同创新成果仅限于合作成员，属于私有协同创新。已有研究更多地将社会资本作为获取外部知识的渠道，关注社会资本的知识流入效应，是因为私有协同创新中的知识分享存在明显组织边界（如人员雇佣关系）和有意识的控制机制（Hamel，1991）（如知识产权保护）。成员间知识分享在很大程度上受制于知识可得性（knowledge accessibility）：只有当创新参与者有动机或意愿与之分享时，焦点行动者才有可能通过社会网络获取其知识，知识流出效应受到抑制。随着 Web2.0 时代到来，大量通过志愿者自主参与的新产品研发活动获得了巨大成功，甚至可以与企业通过投入巨资研发的产品相媲美，例如开放源代码的操作系统 Linux、浏览器程序 Firefox 等。这些创新成果由所有人共享，志愿者间的协同创新关系构成了共有协同创新网络（Chesbrough，Vanhaverbeke and West，2006）。共有协同创新是一种无直接回报的、自发进行的社会化生产活动（Benkler，2006），它完全摒弃了私有协同创新中有意识抑制知识流出的思维。例如在开源软件创新社区中，每个创新项目都会根据相应的开源软件授权协议公布产品源代码，所有人都可自由查阅、修改或完善，从而推出新产品或新版本（Mallapragada，Grewal and Lilien，2012）。可见，共有协同创新的制度设计便是鼓励知识分享，社会资本带来的知识流出效应会显著增强。

考虑到共有协同创新的行动主体是创新团队，以及知识流动对创新团队影响的双向性和复杂性，本研究将围绕以下三个核心问题展开：（1）基于项目创新团队间共有成员的归属和角色信息，刻画和识别团队间的知识流动的方向（知识流入和知识流出），分析知识流入组和知识流出组的创新绩效是否存在差异。（2）通过分析创新团队的社会网络结构带来知识流动的特征（同质和异质），探究团队层面社会资本对新产品开发绩效可能存在的双面影响。（3）如何控制社会资本的双面性以使其最有利于本团队开发的新产品在用户中获得较高的流行度。

4.2 理论推演和假设提出

4.2.1 知识流动的方向：知识流入和知识流出

新产品开发实际上是通过重组或转换已有知识从而形成新知识的过程（Henderson and Clark，1990）。在共有协同创新网络中，新产品开发可被视为是创新团队成员从网络中搜寻、转换、定义和创造有关用户需求或技术方案知识的过程。创新团队间的共有成员为两个团队间的知识分享和流动提供了渠道，同时也使两个团队之间产生了一定的竞争关系。因为共有协同创新网络中，知识的流出不受知识分享双方主观意愿的影响，知识流动存在双面博弈效应。由共有成员带来的关系可能为该团队从其他团队中接收与新产品开发（如开源软件源代码）相关的信息、专业知识和反馈等，同时也可能是该团队为其他团队提供了相关知识（Méndez - Durón and García，2009）。若共有成员带来的知识分享关系使得行动主体自身的知识被扩散出去，但从网络中吸收的知识不能弥补自身知识被扩散出去带来的“损失”时，就难以在竞合关系中获得竞争优势。从团队整体来看，对于每一个还参与了其他创新团队的成员，若其带来的知识流入关系数量大于其知识流出关系数量，说明在知识流动的双向博弈中，该团队获取了更多的知识，能有效提升此团队知识库含量，有利于团队重组和创造新知识，从而获得更高的新产品创新绩效。因此，提出研究的一个基本假设：

H_1：当创新团队在知识双向流动中以知识流入关系为主时，相比于以知识流出关系为主的创新团队来说，创新团队开发的新产品能获得更高的流行度。

4.2.2 知识流动的特征：同质知识流动和异质知识流动

度中心性亦称直接中心性，是指不同创新团队之间通过共同志愿者产生关系的数量，反映了一个创新团队与其他团队直接联系的多寡（Freeman，1978），它从群体层面描述了该创新团队与其他创新团队的直接接触程度。一个创新团队的度中心性越高，表明它与越多其他创新团队存在直接联系，这种联系为此创新团队与其他团队之间相互分享知识提供了直接的机会，体现了团队之间的强关系。从知识获取的角度看，这种强关系有利于团队获取外部知识（Burt，1997）。度中心性高的创新团队社会资本的知识流入效应较大，因此，以往的研究均强调了这种社会资本带来的优势。然而，在共有协同创新网络中，这种形式的社会资本越高，其知识流出效应也随之增大。但直接联系的团队具有较高的同质性，这种同质性使行动主体获得更多相似和冗余（redundant）的知识（Granovetter，1973）。创新团队度中心性越高，其获取知识的同质性也越高。同时，过多的直接联系也导致知识流出的加剧。因此随着度中心性的加大，这种形式的社会资本带来的边际风险会逐渐超过其边际收益。此外，网络中被共享的新产品及知识将被赋予不同的价值（Lin，1982），这种产品或资源的价值赋予，部分是由对其需求或预期的相对稀缺性来决定的。直接联系的不同群体本身具有的相似性，加之知识的相互分享导致新产品在某种程度上的相似，都会影响行动主体开发的新产品被赋予的价值。因此，提出以下假设：

H_2：创新团队的度中心性有利于提升新产品开发绩效（流行度）。但由于知识的双向流动和同质互动，随着度中心性的逐步增大，将会抑制此团队开发的新产品获得流行。

桥中心性是指网络中某一节点出现在其他任意两个节点之间最短路径上的次数。桥中心性越高，该创新团队出现在随机选择的两个团队间最短路径上的概率越大。桥中心性反映了创新团队在局部网络中的“有用性”，体现了一种对网络中知识流动与传递的控制力。桥中心性高的创新团队在共有协同创新网络中扮演着“中间人”的角色，起“牵线搭桥”的作用（Burt，1997），可以更大程度地控制知识的流动，影响与其相连的其他成员之间的交流和沟通。也就是说，桥中心性高的创新团队处于网络中其他两个团队间的关键位置，这两个团队之间的知识分享需要借助于桥中心性高的团队来传导。从桥中心性的定义可看出，它将直接关系和间接关系同时纳入考虑，属于全网层面（global）的概念。更重要的是，通过桥接位置获取的知识反映的是弱关系的力量（Granovetter，1973），这种弱关系有利于团队获取更多异质的知识（Burt，2005；Burt，2004；Hansen，1999；Frenzen and Nakamoto，1993）。因此，它可作为一个创新团队获取异质的、非冗余的知识可能性的衡量。从知识创造的角度来看，新产品开发过程实际上是一个“重组（recombinant）”的过程，即通过将已存在的知识或者想法进行重组和转化，从而创造出新知识和新组合的过程（Nelson and Winter，1982；Henderson and Clark，1990；Tushman and Rosenkopf，1992；Ahuja and Lampert，2001）。同时 Burt（2004：349）也指出，若人们在网络结构中处于“洞（hole）”位置，他更有可能想出一个好点子。因此，若创新团队的桥中心性越高，即创新团队拥有更多连接其他不同团队的渠道，这个创新团队就越有可能产生不一样的想法，从而获得更多选择和创造新组合的机会（Burt，2004）。从知识流动的角度来说，桥中心性高的团队能够从双向知识流动中获得更为异质的知识。同时，不同于度中心性是通过直接关系进行知识流动和传导，桥中心性更多的是通过间接关系产生知识的流入和流出，与网络中其他节点不存在过多的直接联系，从而抑制了过多的知识流出。综上所述，桥中心性因其带来的知识流动具有异质化的特征，使其更有可能开发出创新产品；并且通过间接关系产生关联，使得知识流出效应得到一定程度上的抑制，从而有利于新产品获得流行。因此，提出以下假设：

H_3：共有协同创新网络中，创新团队的桥中心性对新产品流行度具有正向作用。

接近中心性属于形式中心性，反映了创新团队能在多大程度上快速而有效率地接近该网络中的其他团队（Okamoto，2008），从全网层面衡量了这个团队在网络中的重要性。接近中心性越高，表明创新团队与其他的创新团队通过间接和直接合作的平均最短路径距离越小，因此接近中心性高的团队能够更有效率的与其他团队分享知识。从知识分享的角度来说，若团队能够更快和更有效率分享知识，则越有利于创新团队知识库的增加和更新，在知识双向流动的过程中也越有可能开发出具有创新性的产品。因此假设如下：

H_4：共有协同创新网络中，创新团队的接近中心性对新产品流行度具有正向作用。

4.2.3 知识流动的控制：团队内部的吸收能力

以上三个假设从结构视角探讨了在共有协同创新网络中，创新团队社会资本对于新产品流行度的影响。社会资本代表了嵌入关系中蕴含的资源，从知识来源角度来说，这些都属于创新团队能够从外部获取的知识。网络学者们通常强调通过网络嵌入关系获取外部知识和资源的重要性（McEvily and Marcus，2005；Gnyawali and Madhavan，2001；Gulati and Gargiulo，1999），而战略学者们则从资源基础观（RBV）角度强调组织的内部能力的重要性（Peteraf，1993；Barney，1991），并指出不同的组织在开发、理解和利用知识的能力上表现差异较大。在组织内部能力中，一个关键的维度便是吸收能力（absorptive capacity）（Cohen and Levinthal，1990），这种吸收能力反映的是组织内部的开发和利用新知识的能力（Henderson and Clark，1990；Chandy and Tellis，1998）。

如上所述，在共有协同创新网络中，创新团队社会资本可能具有双面性，尤其是度中心性对新产品获得流行可能具有倒“U”形作用。若创新团队想要控制由外部关系带来的双向知识流动可能导致的双面效应，就可通过提升其形内部能力来增强社会资本的正向作用或削弱其负向作用，而内部交流网络（internal communication networks）能够影响组织的吸收能力（Zaheer and Bell，2005）。因此，我们认为，若创新团队越好地对知识进行利用，即通过更好地促进内部的交流和沟通，就能够通过提升其内部能力以更多的吸收和利用社会资本带来的外部知识和资源，从而调节创新团队社会资本对创新绩效的作用，有利于团队开发的新产品获得更高流行度。因此假设如下：

H_5：共有协同创新网络中，创新团队的知识利用对其社会资本具有正向调节作用。

4.3 研究方法

4.3.1 样本选取

本书选取 SourceForge 网站上注册的开源项目作为研究对象。本研究仍采用滚雪球法（Mallapragada et al.，2012）选取样本：首先列出于 2008 年 12 月间注册的项目，再找出所有参与了这些项目的志愿者，然后列出这些志愿者参与的其他项目，至此第一轮滚雪球步骤完成。然后重复三次以获得较为完整的协同创新网络，由 1595 个项目和 8186 个志愿者构成。通过此网络可计算创新团队社会资本数据。因变量数据来源于全球最大软件索引网站 Freecode，包括开源软件、跨平台软件及手机应用等。Freecode 致力于帮助用户快速找到需要的产品以及跟踪和下载最新版，并基于网站数据（例如网页点击量和产品下载量等）定期发布评估指标。自变量和因变量的来源不同有利于避免共同方法偏差（common method biases，CMB）。最后，将 SourceForge 网站数据（2008 年 12 月）与滞后一年的 Freecode 网站数据（2009 年 12 月）基于项目唯一名进行匹配，最终获得 397 个创新团队作为研究对象。

4.3.2 共有协同创新网络的构建

根据社会网络分析方法，将从 SourceForge 上获得的协同创新网络数据（项目和志愿者的从属关系）通过 R 软件转化为从属关系矩阵（志愿者作为行、团队/产品作为列，如果一个志愿者参与了此产品开发则单元格值为 1，反之为 0），并通过投射法，将二模网络转化为基于团队合作的一模网络（只含一类节点）[①]，以便获得团队层面的社会资本数据。图 4－1、图 4－2 是使用 Pajek 软件

① 将二模网络投射为一模网络有两种方式，一种是投射为只有行动者的网络（志愿者关系网络），另一种是投射为只有事件的网络（创新团队关系网络）。从网络角度来看，是将同一网络从两个不同的节点视角进行探究。实质上这两种投射方式会从不同层面来看待此共有协同创新网络，一个是微观个人层面（志愿者网络），另一个是中观团队层面（创新团队关系网络）。本研究探究的是创新团队整体的社会资本对于新产品流行度的影响，因此投射为以只含有创新团队的一模网络，并未在模型中加入个人层次的网络结构指标。

展示了创新团队层面的共有协同创新网络。

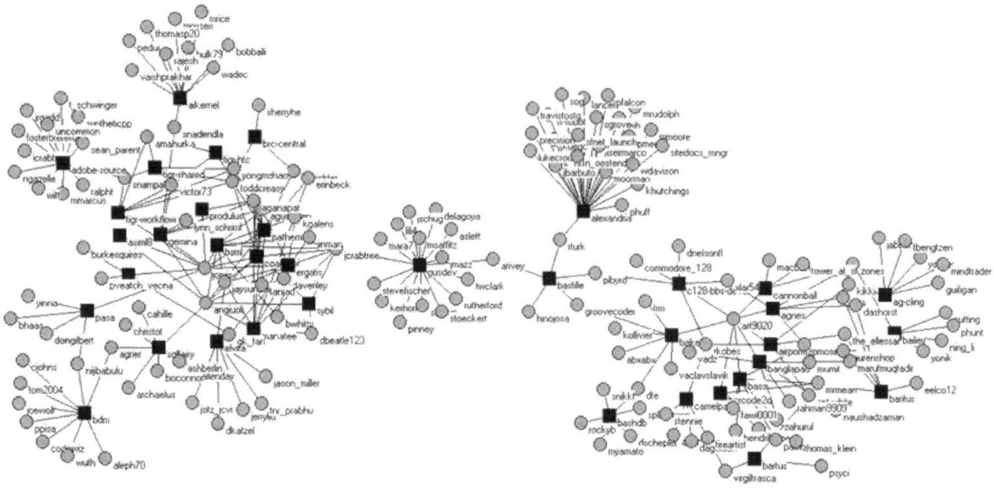

图 4－1　共有协同创新二模网络图

（其中，方块为创新团队/项目，圆点为志愿者，不同的团队因为存在共同的志愿者而产生一条边）

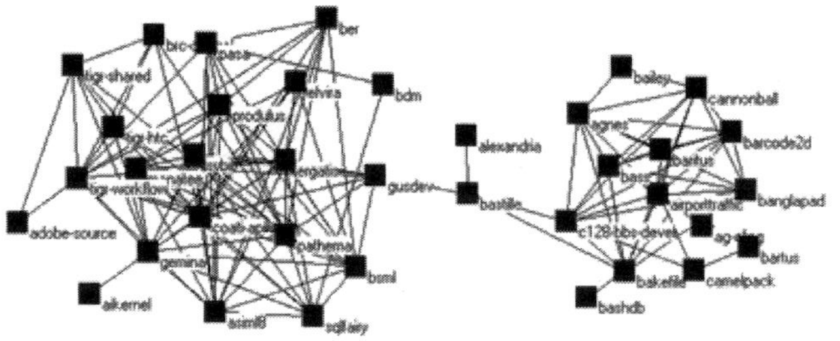

图 4－2　基于创新团队的共有协同创新网络（一模网络）

4.3.3　测量团队间知识的双向流动

为了检验创新团队间知识双向流动对于其开发的新产品流行度的影响，本研究通过共有成员在不同团队中的归属和角色信息刻画了团队间的知识流动关系。志愿者在团队中扮演的角色可分为贡献者和非贡献者。对开源软件来说，贡献者是指在团队中承担着开发人员的角色，对此项目提供源代码；非贡献者是指属于此团队的成员，但扮演着软件开发和编写代码以外的工作，例如为分析师、设计师和营销者等。如图 4－3 所示：志愿者 A、B、C、D 同时参与了创新团队 A 和 B。共有成员 A 在团队 A 中承担贡献者角色，而在团队 B 中承担非贡献者角色，那么对于团队 A 来说，由成员 A 建立的联系带来的是知识流入关系。反之，若共有成员 A 在团队 A 中扮演非贡献者角色，在团队 B 中扮演贡献者角色，那么对于团队 B 来说，由成员 A 建立的联系带来的是知识流出关系。

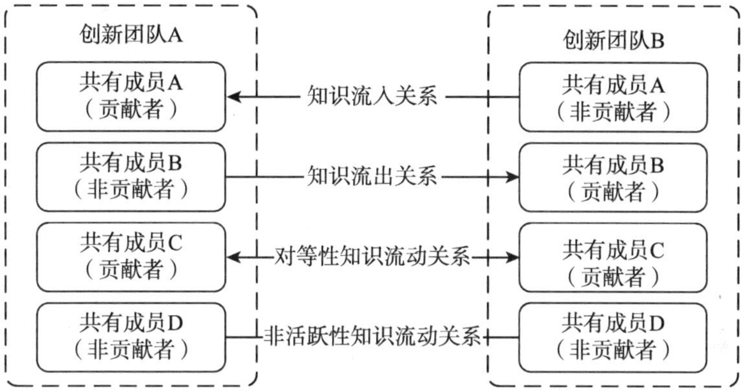

图 4－3　知识流动关系的识别

4.3.4　变量测量

新产品流行度：Freecode 网站基于产品订阅的人的数量以及网页点击量计算并定期发布，计算公式为流行度 = 网页点击量/（1 + 订阅量）。为避免内生性的影响，将流行度滞后一年，并取对数处理使其符合正态分布。

创新团队社会资本：度中心性衡量了创新团队通过共同志愿者与其他团队产生边的数量；桥中心性衡量了某团队出现在网络中其他任意两个其他团队最短路径上的次数；接近中心性是一个团队与所有其他创新团队距离之和的倒数。这三个变量分别通过调用 R 软件 igraph 包中的 degree（）、betweenness（）和 closeness（）函数进行计算。

知识流入关系：共有成员 A 在团队 A 中承担贡献者角色，而在团队 B 中承担非贡献者角色，那么对于团队 A 来说，由成员 A 建立的联系带来的是知识流入关系。

知识流出关系：共有成员 A 在团队 A 中扮演非贡献者角色，在团队 B 中扮演贡献者角色，那么对于团队 B 来说，由成员 A 建立的联系带来的是知识流出关系。

知识利用：通过产品开发过程是否依赖于成员交流的论坛进行测量，若团队使用了交流论坛则知识利用为1，否则为0。使用交流论坛多的创新团队可比那些不使用论坛的团队更好地整合和利用知识。

控制变量：工具多样性是进行产品开发可使用的编程语言的数量；通用性是产品能支持的操作系统的数量；目标用户是指产品的目标用户类型，开发人员导向和最终用户导向；授权类型体现了对源代码的控制程度，包括通用公共许可（GPL）和限制较少的有限通用公共许可（LGPL）等。1为使用GPL，否则为0。

4.4 实证结果

4.4.1 知识流入与知识流出的影响分析

为了检验假设1，根据通过以上方法获得的创新团队知识流动数据，应用SPSS对数据进行了统计分析。创新团队发生知识流动的描述性统计分析如表4－1所示。

表4－1　　创新团队知识流动的描述性统计（N＝397）

	最小值	最大值	平均值	标准误	标准差
产品流行度	4.12	1681.93	115.77	8.55	170.38
知识流入关系数	0	163	2.71	0.61	12.11
知识流出关系数	0	60	1.58	0.20	4.06
非活跃性知识流动关系数	0	59	3.85	0.30	5.90
对等性知识流动关系数	0	265	3.21	0.96	19.22
总关系流动数	−21	103	1.13	0.50	9.91

通过区分团队的双向知识流动是哪种知识流动关系为主，研究将团队分为知识流入组和知识流出组，并以新产品流行度作为因变量作方差分析（ANOVA）以比较两组的差异。结果发现，以知识流入为主的创新团队的新产品流行度均值显著高于以知识流出为主的创新团队的新产品流行度（$\text{Mean}_{\text{知识流入组}} = 159.95 > \text{Mean}_{\text{知识流入组}} = 109.89$，$p < 0.01$）。研究结果支持假设$H_1$。图4－4直观

地显示了知识流入组和知识流出组在产品流向度均值上的差异。

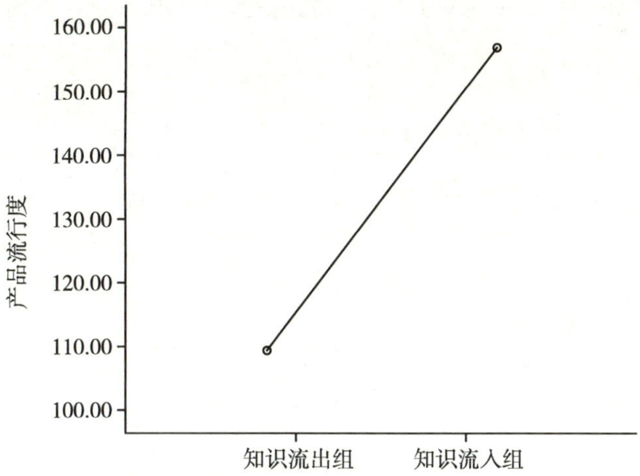

图 4-4　知识流入组与知识流出组创新团队新产品流行度均值比较图

H_1检验了知识流动的方向对于新产品流行度的影响，为了进一步分析知识流动特征的影响，我们结合社会资本和社会网络理论，进一步分析了在共有协同创新网络中，不同社会资本（度中心性、桥中心性和接近中心性）对于创新团队新产品开发绩效的影响。

4.4.2　创新团队社会资本和知识利用对新产品流行度的影响分析

利用 R 软件社会网络分析包 igraph 对网络进行描述，得到基本网络属性如表 4-2 所示。

表 4-2　　创新团队关系网络的基本属性

网络结构	指标统计	指标解释
节点数	1595	创新团队数量
边数	9644	已构建的关系总数
平均度	12.0928	创新团队拥有边数的平均值
网络直径	12	任意两个团队间的最远距离
平均路径长度	5.0451	任意两个创新团队间连接彼此所需的平均距离
网络密度	0.0076	已存在的关系数/所有可能关系数
平均聚类系数	0.2995	团队间的相互连接程度

表4－3显示了各变量描述统计特征和相关系数，结果显示主变量之间具有相关性，为了检验模型是否存在多重共线性的问题，对模型进行了方差膨胀因子VIF检验，结果表明，各主变量的vif值均小于10，说明多重共线性问题并不严重。

表4－3　　　　各变量的均值、标准差和相关系数矩阵

变量		均值	标准差	相关系数								
				变量								
				1	2	3	4	5	6	7	8	9
1	度中心性	30.38	47.89	1.00								
2	桥中心性	160585.47	499873.98	0.73**	1.00							
3	接近中心性	370.4	200.83	0.09*	0.16**	1.00						
4	知识利用	10.097	17.849	−0.13*	−0.13*	−0.27**	1.00					
5	工具多样性	1.42	0.763	0.04	0.12*	0.12*	−0.02	1.00				
6	目标用户	0.64	0.079	−0.03	−0.02	−0.03	−0.03	0.00	1.00			
7	通用性	2.09	1.677	−0.04	0.01	0.14**	0.02	0.08	−0.07	1.00		
8	软件授权	0.65	0.476	0.01	0.02	−0.1*	0.06	−0.11*	−0.01	−0.05	1.00	
9	流行度	115.77	170.38	0.07	0.21**	0.29**	−0.31**	0.09*	−0.1	0.2**	−0.12**	1.00

注：*，$p<0.05$；**，$p<0.01$。

表4－4　　　　分层回归模型（N＝397）

变　量		新产品流行度		
		模型1	模型2	模型3
样本量		397	397	397
截距		4.452	4.846	4.875
控制变量	软件授权	−0.396**	−0.314*	−0.272
	通用性	0.115***	0.097***	0.095***
	工具多样性	0.086	0.036	−0.009
	目标用户	−0.087*	−0.095**	−0.084*
预测变量	度中心性/De		0.005	0.188
	度中心性²/De²		−0.226**	−0.308***
	桥中心性/Be		0.300***	0.190**
	接近中心性/Cl		0.163***	0.139
调节变量	知识利用/KU		−0.540***	−0.551***
调节效应	KU×De			−0.507**
	KU×De×De			0.023
	KU×Be			0.506***
	Ku×Cl			0.038

续表

变　　量	新产品流行度		
	模型1	模型2	模型3
R^2	0.064	0.229	0.249
调整 R^2	0.055	0.211	0.226
F	6.732	12.79	9.777

注：***，p<0.01；**，P<0.05；*，p<0.1。

表4-4显示了对假设2-6进行验证的结果。如模型2所示，度中心性对于产品流行度具有倒U型的影响（$b_{De}=0.005$，$p>0.1$；${b_{De}}^2=-0.226$，$p<0.05$），说明刚开始度中心性对于新产品获得流行具有正面作用，但到达一定阈值以后具有负面作用，假设 H_2 得到验证。桥中心性对新产品开发获得流行存在正向影响（$b_{Be}=0.300$，$p<0.01$），假设 H_3 得到验证。接近中心性对于产品的流行度无显著作用（$b_{Cl}=0.163$，$p<0.01$），假设 H_4 未得到验证。模型3中加入了知识利用对社会资本的调节效应，结果显示知识利用对度中心性具有U型调节作用（$b_{KU\times De}=-0.507$，$p<0.05$；$b_{KU\times De\times De}=0.023$，$p>0.1$），为了进一步探究知识利用对度中心性的调节作用，对此调节作用进行了阶段性的分析。结果如图4-5和4-6所示，在第一阶段（即尚未达到阈值阶段），知识利用有助于强化度中心性的正向作用，而在第二阶段（超过阈值并开始产生负面作用阶段），知识利用有助于延缓度中心性的负面作用。此外，知识利用对桥中心性具有正向强化作用（$b_{KU\times Be}=0.506$，$p<0.001$），该调节效应如图4-7所示，而对接近中心性的调节作用并不显著（$b_{KU\times Cl}=0.038$，$p>0.1$），假设H5得到部分验证。

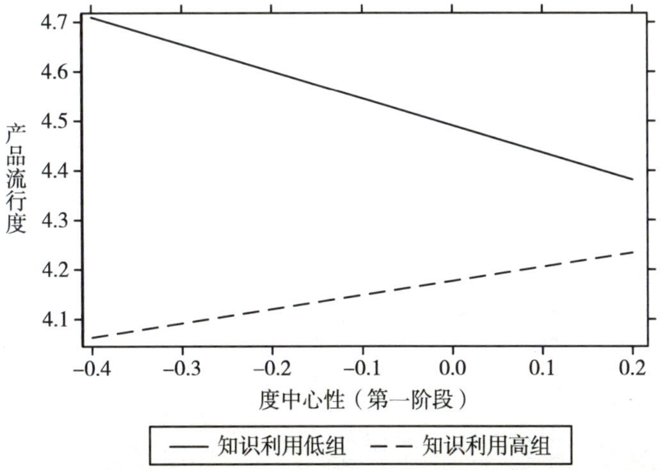

图4-5　知识利用对度中心性（第一阶段）与产品流行度关系的调节效应

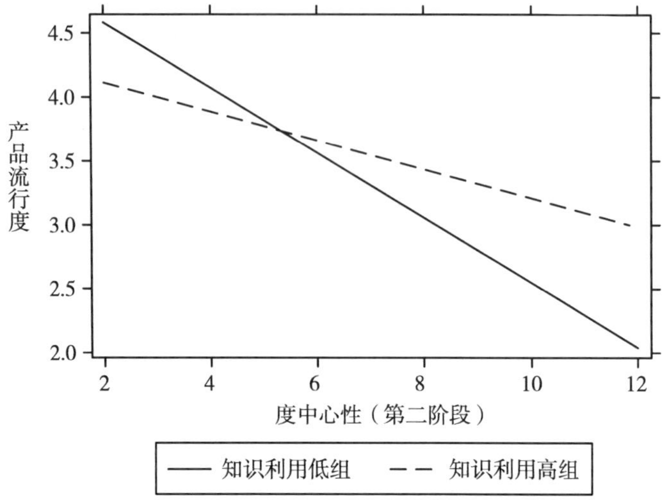

图 4－6　知识利用对度中心性（第二阶段）与产品流行度关系的调节效应

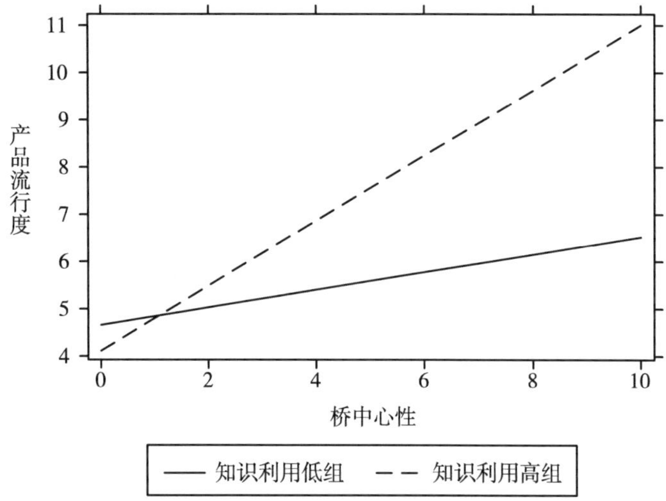

图 4－7　知识利用对桥中心性与产品流行度关系的调节作用

4.5　创新团队应对社会资本双面性的 MOA 策略

由上述实证研究结果可知，在共有协同创新网络中，社会资本的网络结构不仅为行动主体通过合作关系获得潜在外部知识提供了机会（即流入效应），同时也给其他合作成员提供了知识获取机会（即流出效应）。如何应对共有协同创新网络中群体层面社会资本带来的知识流动的双面性、成为一个亟待解决的现实问题。依据 MOA 理论，影响主体行为的主要有三个方面，即内在的主动动机（Motivation）、外在的环境机会（Opportunity）和自身的行为能力（Ability）（MacInnis et al.，1991），对于共有协同创新网络中的创新团队来说，只有主动地利用好社会资本带来的知识流动进行有效创新，降低因知识流出带来的所谓负面影响，才能提升创新团队的内在价值，提高此团队负责开发的新产品获得成功的概率。因此，本研究进一步基于 MOA 框架，指出创新团队充分利用其社会资本创造优势需要从三个方面来着手，一是提升创新团队对知识流动的利用动机，二是提升创新团队利用知识流动的机会，三是提升团队利用知识流动的能力。

4.5.1 动机策略（M）——协同创新的涡轮迭代策略

在共有协同创新网络中，每个创新团队之间虽然是合作关系，但实际上也存在一定的竞争。比如都想吸引优秀的人员参与项目开发，让自己参与的项目得到大家的认可和关注等。并且由于网络中的知识流动是自由的和不受限制的，对某个创新团队来说，要想从社会资本带来的知识流动中获得更多的价值，一个有效的方法就是吸收更多的知识到团队负责的新产品开发项目中来，以提升产品获得成功的可能性以及团队价值。问题是，共有协同创新团队的参与者是自发、自愿和免费参与的，一般的激发团队成员参与积极性的策略难以奏效。此外，已有研究也指出，志愿者在自主贡献时，实际上所花的时间较少（平均耗时小于一周），选择的工作也是只需付出举手之劳即可完成的部分，而对于较难完成的任务，则会影响其参与动机，最终选择放弃或搁置（Howison and Crowston，2014）。因此，一个成功的创新团队，需要激励大家自愿参与新产品开发的贡献动机。

现有研究指出，在参与社会化活动（如捐赠）时，如果付出成本不大，同时又能看到自己微小付出可以给他人带来更大的帮助时，大家的参与动机会显著提升。具体来说，贡献者自愿有兴趣参与某个项目的动机，会受到两个方面影响，一是贡献者能感知到个人的贡献对整个项目的绩效提升有显著帮助（结果显著原则），二是贡献者只需要稍加努力一下就可以实现项目需要的贡献（付出轻松原则）。而要实现项目开发者参与的结果显著和付出轻松两条标准，就需要项目的开发是模块化（module）的和升级化的。这是因为，如果项目开发是模块化的，意味着项目的任务可以分解成若干个小任务和模块，通过小任务完成和模块组合实现大的功能，这样可以让每个贡献者可以根据自己的背景和能力选择合适任务来参与和承担，不用考虑太多复杂任务和付出大的努力，同时又可以看到自己小的努力与其他人小的努力结合后，形成一个大的贡献，看到显著成果。同时，由于项目取得显著成果后，会被更多的用户关注和使用，用户会给予反馈和支持，让贡献者感受自己工作的重要性，从而更愿意投入更多的精力和时间来参与项目的开发，进一步强化了项目贡献者的参与动机，从而给项目带来更多的知识流入，实现项目协同创新的涡轮迭代式效应。

4.5.2 机会策略（O）——网络结构的异质弱连策略

前面分析指出，创新团队的社会结构资本不同，会导致创新团队在知识流动中获取知识的机会也不同。机会策略是指，创新团队通过参与协作，来占据共有协同创新网络中的相对优势位置，以便可以扬长避短地应对社会资本的双面效应。如前所述，在共有协同创新网络中，以强关系连接为主的行动主体（个人或群体）之间，存在着高知识流入与高知识流出，但由于强关系行动主体之间内部的知识具有高同质性，使得这些行动主体之间的知识分享是以同质知识流动为主，这种同质知识流动会给行动主体带来过多的冗余知识（Granovetter，1973）。而以弱关系为主的行动主体之间的知识流动不如强关系行动主体之间那么强烈，但是通过桥接位置的间接联系可以使行动主体之间的知识分享以异质互动为主，这种异质互动能够给行动主体带来更多样的、不同的知识（non－redundant information）（Granovetter，1973；Lin，2004；Burt，2005）。

问题是，在共有协同创新网络中，项目团队如何能够获得网络中的“控制”和“中介”节点的优势位置呢？增强项目团队与其他项目团队的异质弱连性是关键，这要求创新团队中应该构建不同的角色和任务，其中既有起主导作用的相对稳定的核心开发角色，同时还要有配合的支持性角色，这类角色可以吸引其他不同创新团队成员的适度参与，从而增加项目与其他项目的弱连性；其次，创新团队可通过设立一些与本项目不太相关的探索性任务，以吸引一些与本项目成员差异较大的成员来参与，从而增加创新团队与其他团队连接的异质性。总而言之，对于共有协同创新团队来说，可通过加强任务设置的多样性和吸引不同背景参与者的适度参与，从而增加创新团队在共有协同创新网络中的异质弱连性，利用社会资本的优势位置吸收更多的异质知识，提升共有协同式新产品开发项目成功的机会。

4.5.3　能力策略（A）——创新团队的“网商”提升及行动策略

提升创新团队的“网商”和行动策略是本研究提出的应对社会资本双面性的第三个能力策略。“网商”提升策略是指提升创新团体对其在共有协同创新网络中所处位置的认知，以帮助其充分发挥社会资本的作用。已有研究指出，由于社会结构的复杂性，不同的行动主体对同样的社会结构（节点和关系）的认识（cognition）会存在一定的差异（Kilduff and Krackhardt，1994）。并进一步指出，准确的描绘出关系的网络结构是至关重要的（Krackhardt and Hanson，1993；Janicik and Larrick，2005；Putman，1995a），因为这样有助于项目团队的形成和跨组织联盟（alliances）的建立。在共有协同创新网络中，由于行动者和项目的数量较多，其网络结构也更为复杂，共有协同创新网络中的行动主体将面临更加复杂的网络结构认知问题。正确地认知自身在社会结构中所处位置的能力将成为衡量团队能力的一项重要指标，这种能力体现了行动主体是否能够意识到自身所处的网络位置特征以及这种位置能带来知识和资源的优势。因此，作为创新团队来说，为了提升团队对于社会资本带来的知识流动的利用能力，首先需要有意识地培养团队的“网商（network quotient）”，提升自身对于网络位置的认知。

除具备认知能力之外，团队还需有目的地去利用这种优势，即采取目的性行动。在社会资本的理论研究中，诸多学者强调了行动在社会资本中扮演的重要角色（Lin，2001），并指出相同的嵌入在社会结构中的知识或资源对于某些行动主体来说是社会资本，但对于另一些行动主体来说可能并不是社会资本，因为只有当行动主体有目的地采取行动，社会资本才能发挥其价值（Putman，1993；Putman，1995a；1995b）。在传统的协同创新网络中，若行动主体没有采取目的性的行动（如进行新产品开发），社会资本便不能发挥其作用（获取外部资源），也就是说不能发挥社会资本的知识流入效应。然而在共有协同创新环境中，由于社会资本同时具有的知识流入与流出的双面效应，行动就显得更为重要。因为社会资本不仅将发挥其知识流入效应，同时具有的知识流出效应还会使行动主体在竞争中处于被动地位。因此，采取目的性行动体现了创新团队主动地去获取和利用那些能够通过社会关系获取的知识的能力。只有当行动主体能够更多地从其所处的网络环境中吸取和转化知识（韦影，2007），其新产品的开发才有望获得成功。这种通过采取行动对知识有效地整合和利用将体现出创新团队对知识的吸收能力（absorptive capacity）（Rindfleisch and Moorman，2001）。

总而言之，从能力的角度来看，为应对社会资本的双面效应，首先需要行动主体对其网络结构位置以及这种位置带来的优势具有明确的认知，其次需要采取目的性的行动对社会资本带来的知识流进行整合和转化，以帮助其在新产品的开发中获得成功。

4.6 结果讨论

本章基于全球最大的开源软件平台上1595个项目和8186个志愿者的样本数据，运用分层回归模型探讨了在共有协同创新网络中创新团队社会资本的双面性以及如何控制这种双面性以充分发挥其作用。主要结论如下：第一，知识流动的方向对于新产品开发绩效具有显著影响，相较于以知识流出为主的创新团队，以知识流入为主的创新团队开发的新产品能够获得更高的流行度。第二，度中心性对其新产品的流行度具有倒“U”形作用，桥中心性和接近中心性对新产品流行度具有正向影响。研究结果揭示创新团队度中心社会资本对于此团队开发的新产品流行度的作用为边际递减，度中心性在达到一定阈值后知识流出的边际风险会大于知识流入的边际收益，反而影响开发的新产品在用户中获得流行，而桥中心社会资本和接近中心社会资本有利于新产品获得流行。最后，本章还基于MOA（动机—机会—能力）框架对创新团队应如何应对社会资本双面性提出了策略建议。

理论方面，本章拓宽了对协同创新的理解。共有协同创新与私有协同创新的区别在于知识流出是否取决于知识流出方进行知识分享的动机和意愿。私有协同创新网络中，行动主体之间的知识分享与相互交流是有边界和受限制的，合作联盟之间的知识分享很大程度上取决于合作伙伴知识的可获得性，受制于知识流出方的分享意愿。而在共有协同创新网络中，其制度设计便鼓励知识的交流和分享，使得知识可自由流动而不受限。同时，由于共有协同创新网络中，创新团队之间不仅存在相互合作和交流关系，还存在一定的竞争关系，这种竞合关系也使得创新团队间的知识流动呈现双面博弈效应。

本章加深了知识流动的理解。基于创新团队成员的归属和角色信息，本章从实证层面刻画和测量了创新团队间知识流动的方向及其对开发的新产品流行度的影响。并证实，以知识流入为主的创新团队，相比于以知识流出为主的创新团队，开发的新产品能够获得更高的流行度。这个结论说明，若创新团队能够在知识双向博弈中获得竞争优势，即争取到更多的知识流入关系，则越可能获得更高的新产品开发绩效。此外，创新团队知识利用对其社会资本的影响具有调节作用，可强化其正面效应，延缓其负面效应。说明充分发挥成员的内部交流可强化团队对其社会资本所带来的知识流动的转化和整合，通过加强对知识的利用和转换，为共有协同创新网络中的知识管理提供了经验支持。

本章扩充了社会资本理论，论证了在共有协同创新网络中社会资本的双面性。基于已有研究，本研究结合知识流动的特征分析了社会资本会产生双面博弈效应的原因，细分了创新团队之间知识流动的特征，即同质知识流动和异质知识流动。度中心性代表的直接联系体现了创新团队之间的强关系，这种社会资本越高，其知识流出效应也随之增大，但知识流入效应却以同质知识流入为主，使得行动主体获得更多相似和冗余的知识，因而知识流出带来的边际风险会逐渐超过知识流入带来边际收益，研究结果证实，共有协同创新团队的度中心性刚开始有利于提升新产品开发绩效，但随着度中心性的逐步增大，将会抑制此团队开发的新产品获得流行。桥中心性代表的间接联系则体现了创新团队之间的弱关系，这种社会资本越高，其知识流出效应因其不存在过多直接的联系而受到一定的抑制，同时其知识流入效应也以异质知识流入为主，因此有利于知识的整合和创造，从而获得更高的新产品开发绩效。本章的研究结果也支持了这一假设，发现桥中心性对于提升新产品开发绩效具有显著影响。

本章的结论在实践方面对期望利用社会化生产的企业以及通过共有式协同生产开发新产品的创新团队也具有一定的启发价值。任何企业都需要将管理外部资源作为企业创新的要素（Mallapragada et al.，2012）。在进行共有协同式新产品开发时需注意以下两点：第一，企业或创新团队可通过抢占桥中心和接近中心，避免度中心过高来控制社会资本的双面效应，提升其新产品开发绩效。

第二，在共有协同创新网络中，其制度设计鼓励自由和开放，网络中的知识交换和转移也更加迅速和开放，这对企业的知识管理和利用也提出了新的挑战。本章基于 MOA 理论，提出了动机策略（协同创新的涡轮迭代策略）、机会策略（网络结构的异质弱连策略）以及能力策略（创新团队的“网商”提升及行动策略）。本章基于实证研究结果，证实了创新团队可通过激励和促进成员的内部交流来加强对知识的转化和利用，这种内部的交流和整合能够帮助团队社会资本发挥最大的作用。

第 5 章　研究三：初始资源的来源

——创新团队结构和绩效对创始人个人网络的影响

5.1　研究目的

前两章探讨了个人（如项目创始人）的网络位置如何影响创新团队的资源，包括规模和结构（研究一），以及创新团队结构和特征如何影响组织绩效（研究二）。但忽视了组织绩效如何进一步塑造个人网络。已创项目的绩效可能进一步导致了创始人在网络中位置的不对称现象。网络中位置不对称现象包括网络桥接性（brokerage），即提供了网络两个相对分离的群体之间唯一的连接，这种桥接性提供了获取信息资源的渠道以及控制知识流动的中介权利（Burt 1992，1997，2004；Hargadon and Sutton 1997；Podolny and Baron 1997；Zaheer and Bell 2005；Shipilov 2006）。之所以对桥接性尤为重视，是因为新产品开发活动是一项知识密集型活动，建立在识别、获取、认同和整合知识的基础上（Cohen and Levinthal；1990；Rosenkopf and Nerkar 2001；Fleming 2001）。因此，行动者获得多样化的知识和信息来源并利用其信息优势的程度决定了其网络位置的有效性以及实现卓越创新的能力。

已有研究多关注于桥接性的结果，例如能够在很大程度上提升创新绩效，但对行动者是如何占据网络中的桥接位置，即其起源研究还较少。但已有研究表明，行动者的基础差异（underlying quality）会导致网络关系的形成具有不同倾向：在个人层面，好的科学家不仅会发表更多的文章，也更容易形成新的合作关系（Zuckerman 1967，Zucker and Darby 2006）；在组织层面，高绩效企业更容易形成战略联盟（Chan et al. 1997）。因此，可能并不仅仅是因为占据了优势的网络位置使得那些创始人获得了更高的绩效，还因为这些创始人获得了更好的绩效，使他们更可能形成那些可以使它们占据优势网络位置的关系。那么，行动者特征（例如，创新团队的结构以及绩效表现）如何影响创始人后续占据网络桥接位置呢？这是本章需要回答的问题。

5.2　理论推演和假设提出

网络是较为复杂的概念，许多因素有助于他们的形成。因此，行动者的表现也可能成为其网络活动的先决条件，而不仅仅是它的结果。也就是说，创新团队以往表现可能是其创始人网络位置形成的促进因素。因此，创新团队绩效并不仅仅是网络位置的后果，也是前因。事实上，研究发现，行动者在进行关系形成决策时会考虑他们的潜在合作伙伴的绩效（Baum et al.，2005）。因此，创新团队绩效可通过以下两种方式影响导致桥接位置关系的形成——作为潜在质量的象征以及作为一种传递信号。创始人以往的绩效表现（其创立的创新项目的创新绩效）可通过以下两种方式影响导致桥接位置关系的形成——潜在质量象征、信号。

（1）创新团队的绩效表现创始人潜在的质量象征。

行动者质量具有差异。本书所说的质量主要是指能力（capability），特别是行动者在执行特定任务的能力上有所不同。除非最终的结果（如绩效）纯粹是随机形成的，行动者的潜在质量决定了他们对任务的影响。换句话说，更高质量的行动者可能会表现出更为优异的绩效。在协同创新的过程中，一般都需要与其他参与者协同合作。通常，不同类型的关系在协同合作方面的相关成本和收益存在差异：某些类型的合作关系形成成本较高，但可能会产生更高的回报。那么，高绩效的行动者可能会选择形成具有更大回报的关系，因为这种合作所带来的机会成本要高于低绩效的对手。当然，行动者还可以选择通过协同合作或是独立工作来执行给定的任务，行动者质量可能与选择执行任务的模式具有相关性，在极端情况下甚至可能完全决定执行任务的模式。例如，高绩效行动者选择独立完成新产品开发活动，而低绩效者则只能依靠协同合作，反之亦然。不过，即使在这种情况下，对于选择参与合作的行动者来说，高绩效的行动者会选择形成具有更大回报的关系这一论点也是成立的。也就是说，只要以协同合作的方式执行任务的行动者在质量上存在足够的差异，具有较高质量的行动者可能会选择形成具有更大的回报关系，以弥补这种合作所带来的更高的机会成本。选择完全独立工作的行动者并非本研究的焦点，因此并没有考虑。

在结构桥接性的背景下，表现出高绩效的行为者可能是那些占领了桥接位置的行动者（Burt，1992）。与全新的或网络结构上较远的另一个志愿者进行协同合作的成本较高，且存在较大的不确定性。寻找潜在合作者需要消耗很多资源，例如时间成本、精力成本、发起合作以及维护关系等。这种搜寻工作可能超出主要活动的边界，为寻求关系者增加额外的费用。另外，双方对新形成的关系可能也并不满意，在这种情况下，必须重复此过程增加额外成本。然而，根据网络桥接性的观点（Burt，1992），虽然发起新的合作关系的成本较高，但其预期收益也更高，因为非冗余关系能带来最大的净收益。相比之下，重复合作的成本更为低。考虑到信息的不对称性，双方之间的相互熟悉程度可能会减少可能的冲突。在双方的合作中，规则或例行事务已经产生，从而提高了合作的可能。不过，在这种情况下，预期收益也较低，因为这种关系很少能碰撞出现新的思路或发现改进的机会。总而言之，高质量的行动者由于其卓越的质量而易于实现高绩效。同时，考虑到合作的机会成本，相对于低质量的行动者，更高质量的行动者也更容易形成更多新的、非冗余的关系。若一个项目创始人在其以往创立的项目中获得了更高的绩效，这样预示着其具有较高的能力，例如，具有更高的可能性带领项目成员获得较好的产品。从而吸引了更多新的或是网络结构上较远的志愿者与其形成新的合作关系。由于网络桥接性的特点就是拥有很多非冗余的关系，因此以往具有更好绩效的创始人具有更高的可能性占有志愿者层面网络中的桥接位置。

（2）创新团队的绩效表现作为信号。

其创新团队的绩效表现也能为潜在的合作者提供信号。与他人建立合作关系涉及不确定性。一般而言，不确定性涉及两个方面：该创始人是否有能力执行和领导项目的发展，以及能做到何种程度。若在该创始人身上能够获得更多的相关信息，那么与其形成新合作关系的不确定性就会下降。在其他情况相同的情况下，潜在的合作者更愿意与已经获得了一些成绩的人形成关系，并且当合作的质量较难以确认时，这种偏好会表现得更为强烈。创始人以往创立的团队的良好绩效表现预示了这个创始人具有更好的潜在合作能力，从而增加了新的或结构上较远的志愿者选择其形成新关系的可能性。

此外，创始人以往创立团队的良好绩效也会扩大其被列为新关系形成考虑对象的可能性。拥有良好绩效的行动者可能会获得更好的声誉和更高的地位。这些新关系也会反过来有助于未来的表现，这种动态能够在位置和绩效之间产生良性循环，扩大参与者之间的质量差异（Gould 2002）。这种累积优势来自最初拥有优异绩效表现的行动者，从而增加了他们形成新关系的机会。信号效应对于新关系形成的影响可能是最强的。对于已经形成了的关系而言，创始人的能力可能是显而易见的。但对于潜在的、新的合作伙伴，以往的绩效表现可能是最显而易见、最为关键的影响潜在合作者制定决策的信息。因此，高绩效表现的创始人拥有更高的可能性建立新的关系。

总而言之，行动者以往创立团队的绩效表现决定了该创始人形成新的合作关系的程度。同时也作为信号，传递给了更多的潜在合作者，使其将该创始人列入形成新合作关系的考虑对象。在任何一种情况下，创始人以往创立团队的绩效表现会对新关系的形成产生较大的影响。已被证明能够创造高绩效的创始人具有更高的可能性形成新的合作关系，从而提升了其占据网络中桥接位置的可能性。在本书的研究背景下，绩效表现可进一步划分为技术成功与市场成功。因此，我们提出以下假设：

假设 1a：创新团队以往的技术成功能够增强创始人在个人网络中的桥接性。

假设 1b：创新团队以往的市场成功能够增强创始人在个人网络中的桥接性。

相似地，创新团队在组织网络中的中心性和桥接性也可以扩大其在网络中的可见性从而影响那些未曾合作过或在网络结构上距离较远的人与该创始人达成合作关系。创新团队在组织网络中的中心性和桥接性越高意味着此创始人或者他所发起的创新项目在网络中的可见性（visibility）越高，从而提升与新志愿者建立关系的可能性，进而提升项目创始人在个人网络中的桥接性。

假设 2a：创新团队在组织网络中的中心性能够增强创始人在个人网络中的桥接性。

假设 2b：创新团队在组织网络中的桥接性能够增强创始人在个人网络中的桥接性。

5.3　研究设计

5.3.1　样本选取

本章中的样本选取和网络构建方法与前两章相同。在本章中，以每180天为一个观察点。创始人的结构和绩效来自于2008年10月的数据。其中，创始人的桥接性来自2009年4月。此外，我们还进一步验证了创始人个人桥接性对其个人绩效的影响，其中创始人的个人绩效来自于2009年10月的数据。

由于本章中含有内生变量，且因变量创始人的桥接性有限（下限0.875，上限1.99），因此采用了含内生变量的二阶段Tobit模型（2SLS Tobit model with endogenous covariate）对数据进行拟合。

5.3.2　变量测量

创新团队社会资本：度中心性衡量了创新团队通过共同志愿者与其他团队产生边的数量；桥中心性衡量了某团队出现在网络中其他任意两个其他团队最短路径上的次数；接近中心性是一个团队与所有其他创新团队距离之和的倒数。这三个变量分别通过调用R软件igraph包中的degree（）、betweenness（）和closeness（）函数进行计算。

控制变量：工具多样性是进行产品开发可使用的编程语言的数量；通用性是产品能支持的操作系统的数量；目标用户是指产品的目标用户类型，开发人员导向和最终用户导向；授权类型体现了对源代码的控制程度，包括通用公共许可（GPL）和限制较少的有限通用公共许可（LGPL）等。1为使用GPL，否则为0。

5.4　实证分析

5.4.1　描述性统计

各变量的均值、标准差、最大值和最小值见表5－1。各变量间的两两间相关系数见表5－2，由表可知，创新团队的网络特征和绩效表现与创始人桥接性具有正向且统计上显著的相关关系。

表5－1　描述性统计

变量	均值	方差	最大值	最小值
团队度中心	9.83	24.26	0	80
团队接近中心	0.01	0.01	0	0.04
团队中介中心	0.00	0.00	0	0.00
市场成功	43.90	529.13	0	20740
技术成功	141.47	280.11	0	1556
创始人桥接性	1.19	0.30	0.875	1.99
创始人绩效	3.11	3.14	1	16
授权类型	0.68	0.47	0	1
工具多样性	1.48	0.84	1	5
通用性	1.41	0.91	1	9

表5－2　相关性分析

	1	2	3	4	5	6	7	8	9	10
1. 团队度中心	1.000									
2. 团队接近中心	1.000	1.000								
3. 团队中介中心	0.967	0.967	1.000							
4. 市场成功	－0.077	－0.077	－0.085	1.000						
5. 技术成功	0.893	0.891	0.909	－0.094	1.000					
6. 创始人桥接性	0.838	0.841	0.855	－0.052	0.746	1.000				

续表

	1	2	3	4	5	6	7	8	9	10
7. 创始人绩效	0.946	0.946	0.963	-0.094	0.896	0.870	1.000			
8. 授权类型	0.946	0.945	0.963	-0.094	0.896	0.870	0.999	1.000		
9. 工具多样性	0.283	0.283	0.272	-0.080	0.335	0.232	0.273	0.272	1.000	
10. 通用性	0.785	0.786	0.740	-0.077	0.650	0.659	0.729	0.729	0.183	1.000

5.4.2 模型估计

表5-3是通过含内生变量的二阶段Tobit模型对数据进行拟合的结果。对其他可能会对结果产生影响的控制变量，也将其加入了研究模型。

表5-3　含内生变量的二阶段Tobit模型
(2SLS with Endogenous Covariates)

第一阶段（内生变量：创始人桥接性）						
	Coef.	Std. Err.	z	P>z	[95% Conf. Interval]	
常数	1.133	0.023	50.310	0.000	1.089	1.177
控制变量						
授权类型	-0.020	0.012	-1.750	0.080	-0.043	0.002
工具多样性	-0.017	0.008	-2.140	0.032	-0.032	-0.001
通用性	0.009	0.006	1.550	0.122	-0.002	0.021
工具变量						
市场成功	0.100	0.000	1.810	0.030	0.000	0.000
技术成功	0.000	0.000	-0.020	0.985	0.000	0.000
团队度中心	0.090	0.009	-9.860	0.000	-0.108	-0.072
团队接近中心	187.204	18.869	9.920	0.000	150.222	224.187
团队中介中心	14757	1265.726	11.660	0.000	12277.190	17238.740
团队桥接性	0.046	0.042	-1.080	0.028	-0.128	0.037
第二阶段（因变量：创始人绩效）						
	Coef.	Std. Err.	z	P>z	[95% Conf. Interval]	
常数	-13.994	1.482	-9.450	0.000	-16.897	-11.090
控制变量						

续表

第二阶段（因变量：创始人绩效）						
	Coef.	Std. Err.	z	P > z	[95% Conf. Interval]	
授权类型	-0.362	0.204	-1.780	0.075	-0.762	0.037
工具多样性	0.329	0.116	2.840	0.004	0.102	0.556
通用性	0.101	0.110	0.920	0.357	-0.115	0.317
自变量						
创始人桥接性	12.802	1.188	10.770	0.000	10.473	15.131
Model sig. （p value） .000						
Wald test of exogeneity：chi2 （1） = 143.97						

第一阶段的模型中，验证了创始人创立的团队以往的绩效表现以及团队在网络中的网络结构是否会影响创始人后续在网络中所占据的桥接位置。数据分析结果显示，假设1a，即创新团队以往的技术成功能够增强创始人在个人网络中的桥接性没有得到验证（$b=0.00$，$p>0.1$）。但与此相反，假设1b得到了验证，即创新团队以往的市场成功能够增强创始人在个人网络中的桥接性（$b=0.01$，$p<0.05$）。这可能是因为，技术成功，即团队向系统提交修改代码的次数，更多的意味着团队协作的结果。对于创始人个人的能力的信号并没有市场成功所传递出来的信号那么强烈。而市场成功更多的是一个用户角度的变量，意味着这个创始人所创立的项目获得了更多的用户，并且在用户中的认可度相对较高，从而更能体现创始人个人的能力。此外，假设H2a和假设H2b均得到了验证，创新团队在组织网络中的中心性能够增强创始人在个人网络中的桥接性（度中心性：$b=0.09$，$p<0.01$；接近中心性：$b=187.20$，$p<0.01$；中介中心性：$b=14757$，$p<0.01$），并且创新团队在组织网络中的桥接性也能够增强创始人在个人网络中的桥接性（$b=0.046$，$p<0.05$）。

5.5 结果讨论

本章在第3章（创新资源的获取）和第4章（创新资源的利用）基础上，对用以吸收创新资源的初始资源的来源进行了进一步的探讨，聚焦于创始人本身的异质性（即过往创立团队的绩效表现）以及创新团队的网络结构（跨层次网络研究）对创始人网络桥接性的影响。研究结果发现，已拥有较高绩效表现的创始人具备更好的发展那些能够提升网络桥接性的关系的能力，尤其是，创新团队以往的市场成功能够增强创始人在个人网络中的桥接性。此外，这个创新团队在团队层面网络中的中心性和桥接性均能进一步增强创始人在个人网络中的桥接性。

已经有大量的研究表明了网络结构与绩效的关系（Granovetter，1973；Larson，1992；Powell，1996；Zaheer and Bell，2005；Zajac and Westphal，1996），对特定行动者是如何占据了这些优势网络位置的研究也逐渐增多（Kleinbaum，2012；Kleinbaum et al.，2009；Oh and Kilduff，2008；Obstfeld and Ronchi，2007）。但这些网络桥接性位置的起源研究还是多集中在单一网络层面。在协同创新网络中，由于这种活动是基于虚拟互联网，形成关系的不确定较大。因此，本研究的重点是关注创始人以往的绩效表现如何有助于解释行动者间网络结构位置存在的差异性现象，并发现以往绩效表现的差异性是网络位置不对称现象产生的重要前提。

第6章　结论与展望

6.1　研究总结

依赖自组织式团队以及自我选择自愿者的开放式创新模型，以期待利用这些创新资源的企业和个人提出一定的挑战。如何有效地和可持续地获取和利用这些外部资源已经成为面临的一大困惑。本书以社会网络和社会资本理论为理论基础，主要通过三个研究对开放式创新的协同演化机制进行了系统的研究和探讨。

研究一中，探讨的是开放式创新中的核心问题，即这种自组织式创新团队的创新资源是如何形成的。运用资源基础观理论，识别出开源社区中有价值和异质性的两种资源——人力资源和组织资源。结合以往关于社会网络与社会资本的文献，具体分析项目创始人的社会资本如何影响自愿者加入某一团队的具体决定，从而影响该创新团队获取的人力资源和组织资源。基于对某一开源软件社区进行的实证分析，结果表明，创始人的社会资本有助于其创新团队资源的形成，包括创新团队能够吸引参入的志愿者的数量以及该创新团队在团队层面合作网络中的结构桥接性。此外，我们还发现创新团队的规模和结构桥接性对于创新效率和创新效果具有差异化的影响。团队规模有助于提升创新效率，但却不利于提升创新效果。相反，团队结构桥接性有利于提升创新效果，但不利于提升创新效率。

研究二中，我们聚焦于创新项目/团队层面对于创新资源的利用，即从创新团队层面的角度，来探讨基于创始人社会资本所形成的创新资源究竟会产生什么样的价值？由于开源社区中的知识分享是完全自由、不存在边界和分享限制的，创新团队的网络关系所带来的知识流动存在双面性。本研究中选取了1595

个创新项目和8186个志愿者数据为样本，并运用分层回归模型进行实证分析。首先，研究结果表明以知识流入为主的创新团队，相比于以知识流出为主的创新团队，开发的新产品能够获得更高的流行度。这个结论说明，若创新团队能够在知识双向博弈中获得竞争优势，即争取到更多的知识流入关系，则越可能获得更高的新产品开发绩效。其次，创新团队度中心性对其新产品的流行度具有倒"U"形作用，即创新团队度中心社会资本对于此团队开发的新产品流行度的作用为边际递减，度中心性在达到一定阈值后知识流出的边际风险会大于知识流入的边际收益，反而影响开发的新产品在用户中获得流行，而桥中心社会资本和接近中心社会资本有利于新产品获得流行。最后，创新团队知识利用对其社会资本的影响具有调节作用，可强化其正面效应，延缓其负面效应。说明充分发挥成员的内部交流可强化团队对其社会资本所带来的知识流动的转化和整合，通过加强对知识的利用和转换，为共有协同创新网络中的知识管理提供了经验支持。总之，通过量化知识流动的方向，以及创新团队整体在网络中所形成的网络结构，并结合创新团队的自身特征（如吸收能力），考察了创新团队网络结构带来的知识流动的双面性以及其自身特点对新产品开发绩效的影响。

研究三中，我们将进一步拓展项目/团队层面获得的成功（如技术成功、商业成功）反过来又会对创始人个人的社会资本产生什么样的影响。具体来讲，前两个研究探讨了创始人社会资本对于创新团队资源获取以及进一步对绩效的作用，但忽视了创始人的社会资本的形成来源——即创始人社会资本是否就来源于以前参与的项目所获得的成功，或来源于过去参与的团队在网络中的结构。在该研究中，我们聚焦个体层面社会资本的来源，并运用多层次网络理论，来探讨组织层面网络结构及绩效对于个体层面网络和资源的作用。结果发现，已拥有较高绩效表现的创始人具备更好的发展那些能够提升网络桥接性的关系的能力。尤其是，创新团队以往的市场成功能够增强创始人在个人网络中的桥接性。此外，这个创新团队在团队层面网络中的中心性和桥接性均能进一步增强创始人在个人网络中的桥接性。

6.2　理论价值

本书具有以下四个方面的理论贡献：

第一，深化了对开放式创新及创新资源的理解。

不同于封闭式创新，开放式创新通过吸收团队创新资源进行创新，团队创新资源是由知识人群的自由时间累积而产生的盈余资源总和。具有参与动机社会化、团队组建自我选择化以及管理方式扁平自治化等特点。通过实证研究发现，团队创新资源的汇集性可提升创新效率（开发更新更快），因为汇集性体现了项目拥有的方案信息数量；而异质性有利于提升创新效果（更受用户欢迎），因为异质性决定了项目能获取非冗余和独特需求信息的可能性。相反，由于开放式创新具有平等、好辩、缺乏计划性以及混乱等特点，研究发现汇集的人越多，越不利于创新效果，因为内部对需求信息的理解出现分歧的可能性越大；异质性会降低创新效率，因为会增加沟通成本和信息粘性。此外，本书的研究一还发现，团队创新资源的汇集性和异质性之间具有相互正向强化作用。

第二，丰富了对社会资本的认识。

在个人层面，已有研究指出在开放式创新背景下，创始人社会资本对于创新绩效具有显著的影响，但对中间机制研究较少。本研究通过实证研究发现，创始人社会资本是通过影响此项目团队创新资源来影响创新绩效。创始人社会资本是决定团队创新资源汇集性和异质性的关键：（1）作为社会线索和地位线索影响关系形成（志愿者决定是否加入此项目），从而决定团队创新资源的汇集（即团队规模）；（2）作为潜在的质量象征以降低不确定性，以及作为信号提升可见性，来影响未曾合作过的新志愿者的参与决策，从而决定项目获取的团队创新资源的异质性。此外，还发现在创始人社会资本对创新效率的影响中，汇集性和异质性起到完全中介作用。而在创始人社会资本对创新效果的影响中，则起到部分中介作用。这说明创始人社会资本可直接影响创新效果存在，但对创新效率的影响主要依赖团队整体起作用。

此外，本书还论证了在创新团队层面，社会资本的双面性影响在共有协同创新网络中社会资本的双面性。基于已有研究，本书结合知识流动的特征分析了社会资本会产生双面博弈效应的原因，细分了创新团队之间知识流动的特征，即同质知识流动和异质知识流动。度中心性代表的直接联系体现了创新团队之间的强关系，这种社会资本越高，其知识流出效应也随之增大，但知识流入效应却以同质知识流入为主，使得行动主体获得更多相似和冗余的知识，因而知识流出带来的边际风险会逐渐超过知识流入带来边际收益，研究结果证实，共有协同创新团队的度中心性刚开始有利于提升新产品开发绩效，但随着度中心性的逐步增大，将会抑制此团队开发的新产品获得流行。桥中心性代表的间接联系则体现了创新团队之间的弱关系，这种社会资本越高，其知识流出效应因其不存在过多直接的联系而受到一定的抑制，同时其知识流入效应也以异质知识流入为主，因此有利于知识的整合和创造，从而获得更高的新产品开发绩效。第5章的论述也支持了这一假设，发现桥中心性对于提升新产品开发绩效具有显著影响。

第三，拓宽了对协同创新的理解。

共有协同创新与私有协同创新的区别在于知识流出是否取决于知识流出方进行知识分享的动机和意愿。私有协同创新网络中，行动主体之间的知识分享与相互交流是有边界和受限制的，合作联盟之间的知识分享很大程度上取决于合作伙伴知识的可获得性，受制于知识流出方的分享意愿。而在共有协同创新网络中，其制度设计便鼓励知识的交流和分享，使得知识可自由流动而不受限。同时，由于共有协同创新网络中，创新团队之间不仅存在相互合作和交流关系，还存在一定的竞争关系，这种竞合关系也使得创新团队间的知识流动呈现双面博弈效应。本书第4章还基于创新团队成员的归属和角色信息，从实证层面刻画和测量了创新团队间知识流动的方向及其对开发的新产品流行度的影响。并证实，以知识流入为主的创新团队，相比于以知识流出为主的创新团队，开发的新产品能够获得更高的流行度。这个结论说明，若创新团队能够在知识双向博弈中获得竞争优势，即争取到更多的知识流入关系，则越可能获得更高的新产品开发绩效。

第四，对网络结构桥接性形成的前因具有一定贡献。

作者认为个人层面的特征会影响团队层面桥接性的形成（第3章）。相反，团队层面的绩效和网络位置也会进一步影响个人层面网络桥接位置的形成（第5章）。团队层面，创始人个人层面的特征会影响它所组建的团队的结构，即创始人社会资本不仅会影响团队规模，还会影响团队成员的组成。创始人社会资本可通过作为创新项目潜在的质量象征从而降低参与创新的不确定性，以及作为信号提升其可见性，来影响未曾合作过或是生人的新的志愿者的参与决策，这些新关系的形成有助于提升创新团队的结构桥接性，进而影响创新绩效。个人层面，已拥有较高市场绩效表现的创始人具备更好的发展那些能够提升网络桥接性的关系的能力。此外，这个创新团队在团队层面网络中的中心性和桥接性均能进一步增强创始人在个人网络中的桥接性。

6.3 管理启示

对于任何一个企业来说，仅靠内部封闭式创新已很难满足整体的创新需求，如何利用外部团队和社会资源孵化创新项目就显得尤其重要。越来越多企业已经开始着手成立早期项目的孵化器，但作为不可控的团队创新资源，期望利用社会化生产的企业以及通过共有式协同生产开发新产品的创新团队应如何获取和利用创新资源以开展开放式创新呢？作者提供了一定的思路。

第一，虽然我们无法对开放式创新的过程和结果进行直接的组织和控制，企业还是可以通过观察其初始资源来影响和对接开放式创新项目。我们发现创始人对于开放式创新项目的创新绩效确实存在显著的影响，企业可通过识别项目中的创始人以及观察其社会资本来对创新项目未来的发展进行预测。对已存在的创新项目，企业可通过本书的结论及时对接潜力项目。关键是，企业需在创新效率效果中进行权衡。作者发现团队创新资源的汇集性会通过增加方案信息数量提升创新效率，同时也会分散对需求信息的理解而不利于创新效果；异质性则相反，会通过获取更独特和异质的需求信息提升创新效果，但也会因为沟通成本和信息粘性的增加而降低创新效率。若企业比较注重创新效率，可选取那些团队规模较大、志愿者较多的创新团队；若企业比较关注创新效果，则需接洽那些结构桥接性较高的团队。对还未发起的创新项目，企业可尽早地与开放式创新网络中较为活跃的参与者建立信任和联系，通过选取这些具有高社会资本的志愿者来发起企业需要的开放式创新项目，引导项目的大致方向。然后利用此创始人的社会资本影响团队创新资源的汇集和构成，帮助企业开展开放式创新。

第二，任何企业都需要将管理外部资源作为企业创新的要素。随着中国的互联网快速发展，我国网民规模已达 6.68 亿，互联网普及率高达 48.8%，使得企业和创新团队充分利用社会资源和群体智慧来驱动开发新产品成为可能，例如谷歌正是通过共有协同方式开发了手机操作系统安卓（Android）。在企业进行共有协同式新产品开发时需注意以下两点：企业或创新团队可通过抢占桥中心和接近中心，避免度中心过高来控制社会资本的双面效应，提升其新产品开发绩效。在共有协同创新网络中，其制度设计鼓励自由和开放，网络中的知识交换和转移也更加迅速和开放，这对企业的知识管理和利用也提出了新的挑战。一个应对策略是，创新团队可通过激励和促进成员的内部交流来加强对知识的转化和利用，这种内部的交流和整合能够帮助团队社会资本发挥最大的作用。

最后，企业需通过积极和持续的参与打造属于自己的开放式创新生态圈。已有研究发现，这种自主协同式的创新模式需要时间来发展（Howison and Crowston，2014），作者的研究结果也发现，在项目创立一年后，创新团队规模的均值仅为1.492人，说明开放式创新的发展还是较为缓慢。因此若企业如果想要利用团队创新资源进行创新，就需要有耐心进行积极和持续的投入，来发展和打造开放式创新生态圈。

6.4 研究局限和展望

本书基于社会资本和社会网络理论，利用资源基础观识别创新要素，探讨创始人社会资本对开放式创新绩效的作用机制。未来的研究可从微观个体层面、中观组织层面以及宏观社会层面进行探讨：（1）微观层面：哪些项目适合采用开放式创新模式，哪些项目还是采用封闭式创新的模式更好；（2）中观层面：企业应如何与创始人建立可持续的合作模式，并使其这种模式具备可控性；（3）宏观层面：团队创新资源的累积与受教育人群如何利用空闲时间息息相关（Shirky，2010），如何从社会层面设计新的分享方式使更多的团队创新资源可以为企业所用。

参考文献

[1] Ahuja, G., 2000. Collaboration Networks, Structural Holes and Innovation: A Longitudinal Study Gautam Ahuja. Administrative Science Quarterly 45: 425 – 455. doi: 10.2307/2667105.

[2] Barney, J., 1991. Firm Resources and Sustained Competitive Advantage. Journal of Management 17: 99 – 120. doi: 0803973233.

[3] Barney, J., Arikan, A., 2001. The resource – based view: Origins and implications. In M. Hitt, R. Freeman and J. Harrison (Eds.), Handbook of strategic management: 124 – 185. Oxford, UK: Blackwell.

[4] Barney, J., Hesterly, W. S., 2015. Strategic Management and Competitive Advantage: Concepts and Cases, 5th ed.

[5] Barney, J., Ketchen, D., Wright, M., 2011. The future of resource – based theory: Revitalization or decline?. Journal of Management 37 (5): 1299 – 1315.

[6] Baum, J. A. C., Calabrese, T., Silverman, B. S., 2000. Don't go it alone: alliance network composition and startups' performance in Canadian biotechnology. Strategic Management Journal 21: 267 – 294.

[7] Belenzon, S., Schankerman, M., 2015. Motivation and sorting of human capital in open innovation 36: 795 – 820. doi: 10.1002/smj.

[8] Benkler, Y., 2002. Coase's penguin, or, Linux and the nature of the firm. Yale Law Journal 112 (3): 369 – 446.

[9] BlackDuck, 2016, The Tenth Annual Future of Open Source Survey, https://www.blackducksoftware.com/2016 – future – of – open – source.

[10] Bolander, W., Satornino, C. B., Hughes, D. E., Ferris, G. R., 2015. Social Networks Within Sales Organizations: Their Development and Importance for Salesperson Performance. Journal of Marketing 79: 1 – 16. doi: 10.1509/jm.14.0444.

[11] Borgatti, S. P., Foster, P. C., 2003. The network paradigm in organizational research: A review and typology. Journal of Management 29: 991 – 1013. doi: 10. 1016/S0149 – 2063 (03) 00087 – 4.

[12] Boulanger, A., 2005. Open – source versus proprietary software: Is one more reliable and secure than the other? IBM Systems Journal 44: 239 – 248. doi: 10. 1147/sj. 442. 0239.

[13] Brass, D. J., Galaskiewicz, J., Greve, H. R., Tsai, W., 2004. Taking stock of networks and organizations: A multilevel perspective. Academy of Management Journal 47: 795 – 817. doi: 10. 2307/20159624.

[14] Brooks, F. P. (1995), The Mythical Man – Month: Essays on Software Engineering, Reading, MA: Addison – Sesley.

[15] Burt, R., 2005. Brokerage and Closure An Introduction to Social Capital. Oxford University Press.

[16] Burt, R., 2004. Structural Holes and Good Ideas. American Journal of Sociology 110: 349 – 399.

[17] Burt, R. S., 2002. Bridge decay. Social Networks 24: 333 – 363. doi: 10. 1016/S0378 – 8733 (02) 00017 – 5.

[18] Burt, R., 1997. The Contingent Value of Social Capital. Administrative Science Quarterly 42: 339 – 365.

[19] Burt, R., 1992. Structural Holes: The Social Structure of Competition. Harvard University Press: Cambridge, MA.

[20] Burt, R. S., Ronchi, D., 2007. Teaching executives to see social capital: Results from a field experiment. Social Science Research 36: 1156 – 1183. doi: 10. 1016/j. ssresearch. 2006. 09. 005.

[21] Chandrashekaran, M., Mehta, R., Chandrashekaran, R., Grewal, R., 1999. Market motives, distinctive capabilities, and domestic inertia: A hybrid model of innovation generation. Journal of Marketing Research 36: 95 – 112. doi: 10. 2307/3151917.

[22] Chesbrough, H. W., 2003. The Era of Open Innovation Companies. MIT Sloan Management Review 44: 35 – 41.

[23] Coleman, J. S. 1990. Foundations of Social Theory. Harvard University

Press, Cambridge, MA.

[24] Coleman, J. S. , 1988. Social Capital in the Creation of Human Capital. American Journal of Sociology 94: S95 – . doi: 10. 1086/228943.

[25] Crowston, K. , Annabi, H. , Howison, J. , 2003. Defining Open Source Software project success, in: In Proceedings of the International Conference on Information Systems. Seattle, WA, USA: 327 – 340. doi: 10. 1287/mnsc. 1060. 0550.

[26] Dalle, J. M. , Jullien, N. , 2003. 'Libre' software: turning fads into institutions? Research Policy 32 (1): 1 – 11.

[27] David, P. A. , Rullani, F. , 2008. Dynamics of innovation in an "open source" collaboration environment: lurking, laboring, and launching FLOSS projects on SourceForge. Industrial & Corporate Change 17 (4): 647 – 710.

[28] DeRue, D. S. , Nahrgang, J. D. , Ashford, S. J. , 2015. Interpersonal Perceptions and the Emergence of Leadership Structures in Groups: A Network Perspective. Organization Science 26: 1192 – 1209. doi: 10. 1287/orsc. 2014. 0963.

[29] Dibona, C. , Ockman, S. , Stone, M. , 1999. Open Sources: Voices from the Open Source Revolution. O'Reilly, Sebastopol, California.

[30] Diener, K. , Piller, F. T. , 2010. The Market for Open Innovation: Increasing the efficiency and effectiveness of the innovation process. RWTH Aachen University, Technology & Innovation Management Group.

[31] Faraj, S. , Sproull, L. , 2000. Coordinating Expertise in Software Development Teams. Management Science 46: 1554 – 1568.

[32] Faust, K. 1997. Centrality in affiliation networks. Social Networks 19: 157 – 191.

[33] Fischer, C. S. , 1982. To Dwell among Friends: Personal Networks in Town and City. Chicago: University of Chicago Press.

[34] Fleming, L. , Waguespack, D. M. , 2007. Brokerage, Boundary Spanning, and Leadership in Open Innovation Communities. Organization Science 18: 165 – 180. doi: 10. 1287/orsc. 1060. 0242.

[35] Freeman, L. C. 1979. Centrality in social networks: Conceptual clarification. Social Networks 1 (3): 215 – 239.

[36] Galaskiewicz, J. , Zaheer, A. , 1999. Networks of competitive advan-

tage. In S. Andrews and D. Knoke (eds.), Research in the Sociology of Organizations. JAI Press, Greenwich, CT: 237 - 261.

[37] Gefen, D., Straub, D., 2005. A practical guide to factorial validity using PLS graph: tutorial and annotated example. Communications of the Association for Information Systems 6: 91 - 109.

[38] Guimerà, R., Uzzi, B., Spiro, J., Amaral, L. A. N. 2005. Team assembly mechanisms determine collaboration network structure and team performance. Science 308 (5722): 697 - 702.

[39] Gulati, R., Nohria, N., Zaheer, A., 2000. Strategic Networks. Strategic Management Journal 21: 203 - 215.

[40] Gulati, R., 1999. Network Location and Learning: The Influence of Network Resources and Firm Capabilities on Alliance Formation. Strategic Management Journal 20: 397 - 420. doi: 10.2307/3094162.

[41] Gulati, R., 1998. Alliances and networks, Strategic Management Journal, 19 (4): 293 - 317.

[42] Gulati, R., Singh, H., 1998. The Architecture of Cooperation: Managing Coordination Costs and Appropriation Concerns in Strategic Alliances. Administrative Science Quarterly 43: 781 - 814. doi: 10.2307/2393616.

[43] Ghapanchi, A. H., Wohlin, C., Aurum, A., 2014. Resources contributing to gaining competitive advantage for open source software projects: An application of resource - based theory. International Journal of Project Management 32: 139 - 152. doi: 10.1016/j.ijproman.2013.03.002.

[44] Granovetter, M., 1985. Economic Action and Social Structure: The Problem of Embeddedness. American Journal of Sociology 91: 481 - 510.

[45] Granovetter, M., 1973. The Strength of Weak Ties. American Journal of Sociology 78: 1360 - 1380.

[46] Grewal, R., Lilien, G. L., Mallapragada, G., 2006. Location, Location, Location: How Network Embeddedness Affects Project Success in Open Source Systems. Management Science 52: 1043 - 1056. doi: 10.1287/mnsc.1060.0550.

[47] Hahn, J., Moon, J. Y., Zhang, C., 2008. Emergence of New Project Teams from Open Source Software Developer Networks: Impact of Prior Collaboration

Ties. Information Systems Research 19: 369 – 391. doi: 10. 1287/isre. 1080. 0192.

[48] Hars, A., Ou, S., 2002. Working for Free? Motivations of Participating in Open Source Projects. International Journal of Electronic Commerce 6: 25 – 39.

[49] Herbsleb, J. D., Mockus, A. 2003. An Empirical Study of Speed and Communication in Globally – Distributed Software Development. IEEE Transactions on Software Engineering 29 (6): 1 – 14.

[50] Hertel, G., Niedner, S., Herrmann, S., 2003. Motivation of Software Developers in Open Source Projects: an Internet – based Survey of Contributors to the Linux Kernel. Research Policy 32: 1159 – 1177. doi: 10. 1016/S0048 – 7333 (03) 00047 – 7.

[51] Hippel, E. von, 1998. Economics of Product Development by Users: Impact of "Sticky" Local Information. Management Science 44: 629 – 644.

[52] Hippel, E. von, 1994. "Sticky Information" and the Locus of Problem Solving: Implications for Innovation. Management Science 40: 429 – 439.

[53] Hippel, E. von, Krogh, G. von, 2003. Open Source Software and the Private – Collective Innovation Model Issues for Organization. Organization Science 14: 209 – 223.

[54] Howison, J., Crowston, K., 2014. Collaboration through open superposition: a theory of the open source way. MIS Quarterly 38: 29 – 50.

[55] Kapferer, B., 1969. Norms and the manipulation of relationships in a work context. In J. C. Mitchell (ed.), Social Networks in Urban Situations: 181 – 244. Manchester: Manchester University Press.

[56] Kleinbaum, A. M., 2012. Organizational Misfits and the Origins of Brokerage in Intrafirm Networks. Administrative Science Quarterly 57: 407 – 452. doi: 10. 1177/0001839212461141.

[57] Kleinbaum, A. M., Stuart, T. E., Tushman, M. L., 2009. Communication (and Coordination?) in a Modern, Complex Organization. Harvard Business School Working Paper 69.

[58] Kogut, B., Zander, U., 1992. Knowledge of the firm, combinative capabilities, and the replication of technology. Organization Science 3 (3): 383 – 397.

[59] Kogut, B., 1989. The stability of joint ventures: Reciprocity and compet-

itive rivalry. Journal of Industrial Economics 38 (2): 183 - 198.

[60] Kotlarsky, J. , Oshri, I. 2005. Social ties, knowledge sharing and successful collaboration in globally distributed system development projects. European Journal of Information Systems 14 (1): 37 - 48.

[61] Kozlenkova, I. V. , Samaha, S. A. , Palmatier, R. W. , 2014. Resource - based theory in marketing. Journal of the Academy of Marketing Science 42: 1 - 21. doi: 10. 1007/s11747 - 013 - 0336 - 7.

[62] Krishnamurthy, S. , 2003. A managerial overview of open source software. Business Horizons 46: 47 - 56. doi: 10. 1016/S0007 - 6813 (03) 00071 - 5.

[63] Kuk, G. , 2006. Strategic Interaction and Knowledge Sharing in the KDE Developer Mailing List. Management Science 52 (7): 1031 - 1042.

[64] Lakhani K, von Hippel E. 2003. How open source software works: "free" user - to - user assistance. Research Policy 32: 923 - 943.

[65] Lavie, D. 2006. The competitive advantage of interconnected firms: an extension of the resource - based view of the firm. Academy of Management Review 31 (3): 638 - 658.

[66] Lee, S. , Baek, H. , Jahng, J. , 2017. International Journal of Information Management Governance strategies for open collaboration: Focusing on resource allocation in open source software development organizations. International Journal of Information Management 37: 431 - 437. doi: 10. 1016/j. ijinfomgt. 2017. 05. 006.

[67] Lee, G. K. , Cole, R. E. , 2003. From a Firm - Based to a Community - Based Model of Knowledge Creation: The Case of the Linux Kernel Development. Organization Science 14: 633 - 649.

[68] Lee, J. "Jay," 2010. Heterogeneity, Brokerage, and Innovative Performance: Endogenous Formation of Collaborative Inventor Networks. Organization Science 21: 804 - 822. doi: 10. 1287/orsc. 1090. 0488.

[69] Lerner, J. , Tirole, J. , 2001. The Open Source Movement: Key Research Questions. European Economic Review 45: 819 - 826.

[70] Lin, L. , 2008. Impact of user skills and network effects on the competition between open source and proprietary software. Electronic Commerce Research and Applications 7: 68 - 81. doi: 10. 1016/j. elerap. 2007. 01. 003.

[71] Madey, G., Freeh, V., Tynan, R., 2002. The Open Source Software Development Phenomenon: An Analysis Based on Social Network Theory. Presented at the Eighth Americas Conference on Information Systems: 1806 – 1813.

[72] Mallapragada, G., Grewal, R., Lilien, G., 2012. User – Generated Open Source Products: Founder's Social Capital and Time to Product Release. Marketing Science 31: 474 – 492. doi: 10.1287/mksc.1110.0690.

[73] Midha, V., Palvia, P., 2012. Factors Affecting the Success of Open Source Software. Journal of Systems and Software 85: 895 – 905.

[74] Mockus, A., Fielding, R. T., Herbsleb, J. D., 2002. Two case studies of open source software development: Apache and Mozilla. ACM Transactions on Software Engineering and Methodology (TOSEM) 11: 309 – 346.

[75] Moliterno, T. P., Mahony, D. M., 2011. Network Theory of Organization: A Multilevel Approach. Journal of Management 37: 443 – 467. doi: 10.1177/0149206310371692.

[76] Nerkar, A., & Paruchuri, S. 2005. Evolution of R&D capabilities: The role of knowledge networks within a firm. Management Science, 51: 771 – 785.

[77] Osterloh, M., Rota, S., 2007. Open source software development—Just another case of collective invention? Research Policy, 36 (2): 157 – 171.

[78] Obstfeld, D., 2005. Social Networks, the Tertius Iungens Orientation, and Involvement in Innovation. Administrative Science Quarterly 50: 100 – 130. doi: 10.2189/asqu.2005.50.1.100.

[79] Ogawa, S., 1998. Does Sticky Information Affect the Locus of Innovation? Evidence from the Japanese Convenience Store Industry. Research Policy 26: 777 – 790.

[80] Oh, H., Kilduff, M., 2008. The ripple effect of personality on social structure: Self – monitoring origins of network brokerage. Journal of Applied Psychology 93: 1155 – 1164. doi: 10.1037/0021 – 9010.93.5.1155.

[81] Podolny, J. M., 1993. A status – based model of market compensation. American Journal of Sociology 98 (4): 829 – 872.

[82] Powell, W. W., Koput, K. W., Smith – Doerr, L., 1996. Interorganizational collaboration and the locus of innovation: Networks of learning in biotechnology., Administrative Science Quarterly 41 (1): 116 – 145.

[83] Roberts, J. A., Hann, I. H., Slaughter, S. A., 2006. Understanding the Motivations, Participation, and Performance of Open Source Software Developers: A Longitudinal Study of the Apache Projects. Management Science 52: 984 – 999. doi: 10. 1287/mnsc. 1060. 0554.

[84] Ronchetto, J., Hutt, M., Reingen, P., 1989. Embedded Influence Patterns in Organizational Buying Systems. Journal of Marketing 53: 51 – 62.

[85] Rosa, J. A., J. F. Porac, J. Runser – Spanjol, M. S. Saxon. 1999. Sociocognitive dynamics in a product market. J. Marketing 63 (Special issue): 64 – 77.

[86] Scacchi, W., 2007. Understanding the development of free ECommerce/E – Business software: a resource – based view. Emerging Free/Open Source Software Practices. IDEA Group Publishing, Hershey, PA: 170 – 190.

[87] Lerner, J., Tirole, J., 2001. The Open Source Movement: Key Research Questions. European Economic Review 45: 819 – 826.

[88] Levine, S. S., Prietula, M. J., 2013. Open collaboration for innovation: Principles and performance. Organization Science, 25 (5): 1414 – 1433.

[89] Mao, A., Mason, W., Suri, S., Watts, D. J., 2016. An Experimental Study of Team Size and Performance on a Complex Task. PLOS one 11: 1 – 22. doi: 10. 1371/journal. pone. 0153048.

[90] Moody, J., 2004. The structure of a social science collaboration network: Disciplinary cohesion from 1963 – 1999. American Sociological Review 69 (2): 213 – 238.

[91] Shipilov, A. V., 2006. Network strategies and performance of Canadian investment banks. Academy of Management Journal 49 (3): 590 – 604.

[92] Slotegraaf, R., Moorman, C., Inman, J. 2003. The role of firm resources in returns to market deployment. Journal of Marketing Research, 40 (3): 295 – 309.

[93] Soh, P. H., 2010. Network patterns and competitive advantage before the emergence of a dominant design. Strategic Management Journal 31: 438 – 461. doi: 10. 1002/smj. 819.

[94] Song, M., Montoya – Weiss, M. M., 2001. The effect of perceived tech-

nological uncertainty on Japanese new product development. Academy of Management Journal 44 (1): 61 – 80.

[95] Stewart, K. J., Ammeter, A. P., Maruping, L. M, 2006. Impacts of license choice and organizational sponsorship on user interest and development activity in open source software projects. Information Systems Research. 17 (2): 126 – 144.

[96] Subramaniam, C., Sen, R., Nelson, M. L., 2009. Determinants of open source software project success: a longitudinal study. Decision Support Systems 46 (2): 576 – 585.

[97] Tapscott, D., Williams, A. D., 2006. Wikinomics: How mass collaboration changes everything. Penguin, New York.

[98] Thomke, S. H., 2003. Experimentation Matters: Unlocking the Potential of New Technologies for Innovation Illustrated. Harvard Business School Press, Boston, MA.

[99] Uzzi, B., Spiro, J., 2005. Collaboration and creativity: The small world problem. American Journal of Sociology 111 (2): 447 – 504.

[100] Uzzi, B., 1996. The sources and consequences of embeddedness for the economic performance of organizations: The network effect. American Sociological Review 61: 674 – 698.

[101] Valente, T. W., Fujimoto, K., 2010. Bridging: Locating critical connectors in a network. Social Networks 32: 212 – 220. doi: 10.1016/j.socnet.2010.03.003.

[102] Vorhies, D., Morgan, N., 2005. Benchmarking marketing capabilities for sustainable competitive advantage. Journal of Marketing 69 (1): 80 – 94.

[103] Wasserman, S., Faust, 1999. Social Network Analysis: Methods and Applications. Cambridge University Press, Cambridge, UK.

[104] Zaheer, A., Bell, G. G. 2005. Benefiting from network position: Firm capabilities, structural holes, and performance. Strategic Management Journal, 26: 809 – 825.

[105] Zaheer, A., Soda, G., 2009. Network Evolution: The Origins of Structural Holes. Administrative Science Quarterly 54: 1 – 31.

[106] Zeitlyn, D., 2003. Gift economies in the development of open source

software: anthropological reflections. Research Policy 32: 1287 - 1291. doi: 10. 1016/S0048 - 7333 (03) 00053 - 2.

[107] Zucker, L. G., Darby, M. R., Brewer, M. B., Peng, Y., 1995. Collaboration Structure and Information Dilemmas in Biotechnology. Sage, Thousand Oaks, CA.

[108] 杨震宁，李东红，范黎波. 身陷“盘丝洞”：社会网络关系 嵌入过度影响了创业过程吗？[J]. 管理世界，2013 (12): 101 - 116.

[109] 黄敏学，王琦缘，肖邦明，王殿文. 消费咨询网络中意见领袖的演化机制研究——预期线索与网络结构 [J]. 管理世界，2015 (7): 109 - 121.

[110] 解学梅，徐茂元. 中小企业协同创新网络与创新绩效的实证研究 [J]. 科研管理，2014，35 (2): 9 - 16.

[111] 林南. 社会资本：关于社会结构与行动的理论 [M]. 张磊，译. 上海：上海人民出版社，2004.

[112] 韦影. 企业社会资本与技术创新：基于吸收能力的实证研究 [J]. 中国工业经济，2007，234 (9): 119 - 127.

[113] 韦影，王昀. 企业社会资本与知识转移的多层次研究综述 [J]. 科研管理，2015，36 (7): 154 - 160.

[114] 周小虎，陈传明. 企业社会资本与持续竞争优势 [J]. 中国工业经济，2004，194 (5): 90 - 96.